Algunas nubes

Paco Ignacio Taibo II

Algunas nubes

ALFAGUARA

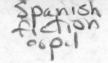

ALGUNAS NUBES

© 1995, Paco Ignacio Taibo II
    De esta edición:
    © 1995, Alfaguara

- Santillana S.A. Juan Bravo 3860. 28006, Madrid.
- Santillana S.A., Avda San Felipe 731. Lima.
- Editorial Santillana S.A.
  4ª, entre 5ª y 6ª, transversal. Caracas 106. Caracas.
- Editorial Santillana Inc.
  P.O. Box 5462 Hato Rey, Puerto Rico, 00919.
- Santillana Publishing Company Inc.
  901 W. Walnut St., Compton, Ca. 90220-5109. USA.
- Ediciones Santillana S.A.(ROU)
  Boulevar España 2418, Bajo. Montevideo.
- Aguilar, Altea, Taurus, Alfaguara, S.A.
  Beazley 3860, 1437. Buenos Aires.
- Aguilar Chilena de Ediciones Ltda.
  Pedro de Valdivia 942. Santiago.
- Aguilar, Altea, Taurus, Alfaguara, S.A. de C.V.
  Av. Universidad 767, Col. del Valle
  México, 03100, D.F. Teléfono 688 8966

Primera edición en Vintage: marzo de 1995
ISBN: 0-679-76332-5

© Diseño de cubierta: Carlos Aguirre
    Proyecto de Enric Satué

Impreso en México

This edition is distributed in the United States
by Vintage Books, a division of Random House, Inc.,
New York, and in Canada by Random House
of Canada Limited, Toronto

Índice

Esta novela es para mi amiga Liliana que debe andar por Córdoba, para mi amigo Jorge Castañeda que debe andar por algún barrio del sur del DF, y para Héctor Rodríguez que anda por la cueva de Tabasco.

La rosa de la sífilis florece
por las calles
MIKE GOLD

Nada es lo que parece
JUSTIN PLAYFAIR A MILDERD WATSON

I

Si te conozco bien, que te presiento

Víctor Manuel

Estaba sentado en la última silla, bajo la última solitaria palmera, bebiendo una cerveza y limpiando de arena un montón de conchitas. De la palapa cercana, donde un hombre con camisa verde limón lavaba vasos en una cubeta, salía la música de un bolero melcochón.

Hacía un buen rato que la había visto, adivinando acercarse. Primero desde la curva de la carretera y luego sobre la parte endurecida de la arena, la que permitía el paso de la moto porque había sido aplanada por los camiones de la constructora. La había visto y hundió la cabeza entre las conchitas, se llevó el gañote de la cerveza a la boca y ahí lo sostuvo hasta terminarla. No tenía nada en contra de su hermana, no había bronca pendiente; pero con Elisa venían cambios y él se encontraba cansado, aflojado, guango, desgalichado, bofo, amoroso de cervezas y de boleros y de ruidito arrullador de olas; con querencia de palmera solitaria, atardeceres, algunas nubes sobre el cielo que fueran gordas, bo-nachonas, pocas. Sin embargo aunque los ojos se es-condían, los oídos no podían hacerlo y mientras ella se acercaba en la motocicleta, con el registro del ruido cre-ciente del motor, se fue haciendo a la idea de que las vacaciones que se había tomado de sí mismo estaban por terminar.

Elisa fue disminuyendo la velocidad hasta que él levantó la vista de las conchitas y le sonrió con el ojo único y los labios. Ella manejó la moto en silen-cio, con el motor apagado, como planeando hasta un par de decenas de metros de él. No traía casco, lo ha-bía dejado atado al asiento trasero, encima de una mochila; pero traía un pañuelo largo y rojo al cuello. Muy de Elisa, eso de dejar el pañuelo ondeando junto con su pelo mientras la moto se deslizaba los últimos metros por la playa.

—Hermanito, vaya, vaya. Güevoneando abajo de la última palmera. Eso pensaba.

—Hay algunas nubes —dijo Héctor por decir algo.

—Pa' mi gusto son pocas, en los últimos cien kilómetros me ha estado friendo el sol —respondió Elisa, y se acercó un poco ruda, sin delicadeza, a meterse en-tre los brazos de su hermano.

Héctor la abrazó fuertemente. Después de todo, Elisa podía traer algo más que su calor, su camisa sudada al sol maligno de Sinaloa, pero no importaba demasiado.

—¿Otras dos, inge? —preguntó el encargado del barcito que los contemplaba risueño.

—Otras cuatro, Marcial —dijo Héctor sobre el pelo de Elisa que sorprendentemente no olía a aquel champú de limón que su madre había prodigado, y que volvía de vez en cuando en el recuerdo con los otros olores de la infancia.

Elisa salió de entre los brazos, se quitó el pelo de la cara y se dejó caer en la silla.

—Es el mejor lugar del mundo —dijo.

—El segundo mejor lugar del mundo —respondió Héctor sentándose en una silla de metal que se hundió un poco más en la arena.

—Porque el primer mejor lugar del mundo está por encontrarse. ¿No es eso?

—No, el mejor primer lugar en el mundo está como a media hora de aquí.

—Nunca lo hubiera creído, hermanito —se quedó mirando el mar y tratando de entrar en el ritmo que adivinaba en él. De tomar prestada un poco de calma. Pero Elisa no era así. Traía sus 140 kilómetros por hora de promedio a lo largo de medio día de carretera dándole vueltas en la cabeza.

El camarero al que apodaban "la estrellita" y que había heredado el bar de su tío, salió de atrás de un mostrador de madera, llegó hasta ellos con las cervezas y las dejó sobre la mesa tintineando el cristal. El calor de la tarde hurgó en los vidrios escarchados por el hielo. El mar ronroneaba. La luz comenzó a cambiar. Sin embargo, las dos nubes seguían ahí, detenidas, clavadas en el cielo.

—Bueno, cuenta, no sé nada de nada. Pero ahora sí, lo que se dice nada —dijo Elisa.

—Bueno, poca cosa. Trabajo para una cooperativa de pescadores, en Puerto Guayaba, como a dos kilómetros para arriba, hice el diseño de la red cloacal. He tenido que estudiar más que trabajar. Se me había olvidado la ingeniería, y ni me acordaba de que también servía para hacer cloacas y desagües. Paseo por la playa. Soy el inge solitario. Una cosa como el llanero solitario pero desarmado... Nada. Algo a mitad de camino entre ser ingeniero en una fábrica y detective. Más solitario que las dos cosas juntas. No matas a nadie, no robas a nadie. Trabajas con personas, te saludan en la mañana, hablas con ellos. No les debes nada. Bien, bien.

Héctor la miró con su único ojo. El otro, inmóvil en la cuenca, surcado por la cicatriz, para recordar que era un adorno, no miraba nada, o miraba fijamente el mar, las gaviotas.

—No usas parche aquí —dijo Elisa.

Héctor se llevó la mano al ojo muerto, de cristal, para sentirlo ahí, y con los dedos recorrió la cicatriz.

—Es una lata, se me mete arena, me llora detrás... Para qué te cuento, son como historias para aterrar niños. De esas de señores que se quitan en la noche la dentadura, la meten en un vaso y a mitad de una pesadilla la dentadura sale para morderles el cuello.

—Qué cosas más horribles dices.

—¿Y tú? ¿Cómo está Carlos? ¿Cómo viniste a dar por aquí?

—Tu casillero allá en el D.F., el Mago, me dio una dirección, me dijo que le habías pedido que te mandara libros. Lo pensé como una semana y luego agarré la moto y en dos días, zas. No era tan difícil encontrarte...

—No, pensé...

Elisa y él se miraron, ella le tomó una mano y apretó un instante, luego la retiró como si el mensaje no fuera claro; tomó una de las cervezas y la chocó con la de él, inmóvil.

Héctor hacía seis meses una semana y dos días, había matado a un hombre. Eso no importaba demasiado. Héctor no tenía respeto por la vida ajena así como así. El tipo merecía morir, pero en medio del tiroteo, una bala perdida hirió en la cabeza a un niño de 8 años. El niño no había muerto, pero sería para siempre un objeto. Héctor pensaba que la bala no la había disparado él, que había sido el otro, que tenía que haber sido el otro. Nadie lo había relacionado con el tiroteo. El muerto se había llevado al panteón de Dolores su nombre y sus generales. Se había llevado la escena final. Pero Héctor sabía lo del niño; incluso una vez se había metido al hospital y tratado de verlo; había llegado hasta el cuarto y observado al niño, cubierto de vendas, con la mirada vacía. Esa noche salió de la ciudad sin saber donde estaría en otras noches. Era una historia simple. Cuando no se puede uno ir de sí mismo, se va de la casa, de la ciudad, del país. Cosa de correr para que la sombra no lo alcance... Elisa se lo recordó de nuevo; le recordó la mirada vacía del niño a través de una tienda de oxígeno.

—¿Qué pues, hermanita? Vienes a cuidarme, a sacarme del retiro espiritual...Tienes miedo, piensas que a lo mejor debiste detener la moto en la playa anterior, meterte al agua. Dejarme en paz.

La mirada de Elisa se endureció. De la palapa brotó de nuevo la música. Era el bolero tocado al piano y cantado por Manzanero, que lo había acompañado los últimos meses.

—Me jode la autocompasión. La reconozco, la huelo de lejos. Me la sé de memoria. Soy experta. ¿Se te olvida que soy experta? Me paso la mitad de los días metiendo la pata, la otra mitad sintiéndome culpable de lo que hago y dándome lástima, y vuelta a empezar. ¿Se te olvida cómo soy? Me siento mal de haber venido.

—Bueno, estamos en familia —dijo Héctor, y sin mirarla le tomó la mano.

—Aquí se puede tomar el sol. Traigo libros. Traigo la foto de un novio que tuve en la primaria y al que hace 25 años que no veo. Traje cintas de Roy Brown. ¿Conoces a Roy Brown? Traje un manual para aprender a tocar la flauta. ¡Puta! Se me olvidó la flauta. Y no tengo prisa. Tengo una semana entera para decidir si te cuento lo que te vine a contar o no te cuento nada. ¿Cómo ves?

Héctor miró la palmera. Arriba a treinta metros, debía soplar un poco de aire, porque las palmas se movían suavemente. Luego dijo:

—¿Qué libros traes? Ya me leí la historia de las Cruzadas de Runciman tres veces. No se puede confiar en el Mago. No me mandó ni una novela policiaca. Aquí no hay librerías... Por no haber, no hay siquiera periódicos.

Héctor no esperó la respuesta y se sumió en el aire de despreocupación con el que sabía que no engañaba a Elisa.

Ni siquiera las rutinas que había establecido en la pequeña comunidad, lograron disimular la presencia del mensaje de Elisa. Héctor pensaba alternativamente que todo estaba decidido desde que vio su moto salir de la curva. Todo lo demás era tiempo de espera, reajuste, aceptación de lo inevitable, de la llamada de regreso. Héctor también pensaba que podía ignorar la llamada de la selva, volverse un Colmillo Blanco domesticado por la soledad. Héctor jugaba a pensar que el destino existía mientras comenzaba a pasar la semana prometida.

Descubrió que Elisa gozaba con los discos de Aznavour y pasó tardes empachado del meloso mensaje romántico, viendo crecer la yerba y un árbol de tabachines lilas. Caminó por el pueblo, bebió cervezas, habló con Elisa de un viaje a Acapulco que ambos recordaban de la niñez. Se observó frecuentemente en el espejo del baño.

El síntoma definitivo fue su abandono de las cervezas para regresar a las pepsis y los lemon crush. La abstemia estaba ligada a la seriedad del retorno; la cerveza era un lujo de la soledad. Así, un viernes, sabiendo que todavía le quedaban cuatro días de plazo, trató de rendirse.

—Sale pues, hermanita, cuenta —dijo y se sentó en el suelo ante Elisa, que estaba leyendo un libro de poemas de Luis Rogelio Nogueras en un sofá.

Elisa alzó la vista del libro y sonrió.

—Te quedan cuatro días, ¿qué prisa?

—No te hagas la loca, sabes que cuando dijiste que me dabas una semana, en ese mismo instante, había perdido yo.

—No quiero sentirme culpable. ¿Me he visto bien? ¿Te presioné?

—Cada uno sus culpas, yo las mías por haberme venido a enterrar aquí, tú las tuyas por haber venido a desenterrarme.

—Cuatro días más hermanito, ahora es curiosidad.

—Dentro de cuatro días voy a aceptar cualquier cosa. Ahora todavía puedo defenderme de tus locuras.

—Es tan absurdo que, mejor en un par de días. ¿O quieres que me quede sin vacaciones?

—Mañana en la tarde; ni tú ni yo. Y sea lo que sea, acepte o no lo que propones, nos quedamos un día más aquí.

—Sale pues —dijo Elisa y cínicamente se hundió de nuevo en el poema interrumpido.

La reunión se produjo en la playa. Elisa se había ido en la moto, y Héctor la alcanzó paseando. Tal como estaba pactado, atardecía. Un sol de tarjeta postal iba siendo consumido por el horizonte, las olas golpeaban la arena con un ruidito melódico. Elisa traía un bikini blanco y Héctor pudo ver, cuando ella salía del agua, las huellas de una operación de apendicitis. Héctor miró el cuerpo de Elisa brillante por el agua, recortado en el sol, y le gustó. Hundió la cara en la arena para huir del incesto y se encontró con la idea del incesto. La tomó entre los dedos y la fue disolviendo poco a poco en la arena con la que jugueteaba. Había una brisa suave, justo la necesaria para no desmentir a los vendedores de paraísos, que insistían que era así: palmeras, soles rojizos hundiéndose en el agua, una suave brisa para aligerar la piel del calor del día que se iba.

Elisa se puso encima del bikini un vestido de toalla amarillo canario y le dio un beso en el pelo a su hermano. Héctor levantó la vista y devolvió la sonrisa.

Héctor Belascoarán Shayne tenía dos apellidos exóticos, una carrera de ingeniero amparada por un diploma de la Universidad Nacional, un ojo menos que otros, 35 años, una ex esposa, una ex amante, dos hermanos, un traje de mezclilla que más que de detective parecía de antropólogo social en trabajo de campo, una pistola .38 guardada en un cajón en su oficina de la ciudad de México, una leve cojera producto de un tiro en la pierna derecha, un título de detective privado producto de un curso tomado por correspondencia; una marcada predilección por los refrescos embotellados, las lociones de limón, la ensalada de cangrejo, algunas novelas de Hemingway (las primeras y la última) y la música de bossa nova. Sus héroes favoritos eran Justin Playfair, Miguel Strogoff, John Reed, Buenaventura Durruti, Capablanca y el Zorro. Sabía que no podía ir muy lejos con un panteón de héroes como ése. Dormía menos de seis horas diarias, le gustaba el suave ruido que hacen las ideas al ordenarse, y llevaba los últimos cinco años soportando el peso desigual de un cansancio sin motivo que le hacía recordar épocas de pasiones pendejas, amores tontos, rutinas que entonces parecían excitantes. No tenía un alto concepto de sí mismo, pero sabía y respetaba su terquedad.

Todo esto podría explicar, si no fuera porque las explicaciones suelen ser innecesarias, por qué siguió jugando con la arena hasta hacer un agujero de regular tamaño, y allí enterró al muerto de hacía seis meses y al niño herido.

Elisa esperó hasta que la arena estuvo totalmente lisa y luego se llevó a Héctor para la casa y se preparó para desplegar su historia, mientras caminaba por la playa sin dejar que el ronroneo del mar los adormilara.

II

Ninguna riqueza es inocente

Eduardo Galeano

—No tiene muchas vueltas, como me lo contaron te lo cuento. Una vez había tres hermanos —dijo Elisa—. Uno estudió la prepa conmigo y se casó con Ana, mi amiga Ana. ¿Te acuerdas de Ana? Anita la huerfanita.

Héctor asintió, Anita, una pelirroja vivaracha que en la prepa era popular porque sabía tres idiomas; a la que Elisa traía de vez en cuando a comer, y que sabía hacer crucigramas y se sentaba con el viejo Belascoarán a echarle una mano, ante la mirada sorprendida de la familia. Ana, la que en las noches de internado leía el diccionario. No recordaba de otra manera a esa adolescente pelirroja con un morral verde lleno de cosas extrañas, que pesaba como una plomada, leyendo las dos novelas chinas de Malraux (que Héctor por cerril no le había aceptado prestadas en su día y había leído muchos años después, arrepintiéndose de habérselas pedido entonces). Bien, Ana ¿qué con Ana? resumió asintiendo de nuevo.

—Bueno, pues uno se casó con Ana, y se fueron a Estados Unidos a estudiar medicina juntos. Los otros se dedicaron a gastarse los billetes de su jefe. Y un día, el esposo de Anita recibió una llamada, regresó corriendo al D.F. y se encontró que su padre llevaba tres días de muerto. Nada fuera de lo común, un ataque al corazón, normal. Y ahí viene el pero: sus dos hermanos estaban peor. A uno lo habían encontrado todo balaceado en la casa y el otro, el más chico, estaba sentado en un sillón enfrente del muerto, cerrado de la cabeza. Sin hablar, mudo. Y así sigue. En un manicomio del D.F. No, de Cuernavaca, pero igual. Hace dos meses que no habla, nada de nada. Y todo eso el día del velorio de su jefe.

—¿Y qué pasó? ¿Eso es todo?

—Eso para empezar —dijo Elisa dejando que Héctor se encariñara con la historia: tres hermanos, uno médico cuyo único atractivo estaba en haberse casado con la pelirroja Anita, el otro muerto a balazos, el tercero absolutamente pendejo sentado enfrente del muerto.

—¿Y luego?

Estaban sentados en el porche de la casita a doscientos metros del mar y Héctor había puesto una pepsicola enfrente, sobre la mesa, Elisa había añadido otras dos, como queriendo indicar que la historia iba a ser larga, que necesitaba de toda la capacidad de raciocinio de su hermano, estimulada por las pepsis. Héctor que no creía en el raciocinio, ni siquiera se llevó a la conferencia un cuaderno de notas. Sólo escuchaba, esperando una cosa, saber por dónde empezar, en qué calle, en qué esquina iniciar el recorrido por el que iba a meterse en la vida de otra gente, o en la muerte de otra gente, o en los fantasmas de otra gente. Viérase como se viera, todo era un problema de calles, de avenidas y parques, de caminar, de picotear. Héctor sólo conocía un método

detectivesco. Meterse en la historia ajena, meterse física-
mente, hasta que la historia ajena se hacía propia. De
manera que empezó a imaginarse las calles de Cuerna-
vaca que rodearían el manicomio y no le gustó la idea.

—Luego Anita y su marido vieron al que se vol-
vió orate, consultaron con otros médicos, le dieron vuelta
y media al asunto y nada. Seguía cerrado, se había ido y
según los médicos, para siempre. Y la policía dijo que
seguro que era un robo, que había muchos últimamen-
te, que el hermano había tratado de resistir y lo habían
matado, y el otro lo había visto y mientras el que lo ha-
bía visto no pudiera contar nada, pues nada de nada. Y
ahí muere.

Héctor se prometió no volver a preguntar. Elisa que-
ría contar la historia a su manera y él decidió no estorbar.

—Entonces Anita y su marido se fueron para Es-
tados Unidos...

—¿Dónde? —preguntó Héctor rompiendo su pro-
mesa.

—¿Dónde qué? Ah, ¿dónde se fueron?

—Eso.

—A Nueva York, trabajaban los dos en una clíni-
ca de enfermedades del riñón en la Universidad.

—Bien —dijo Héctor. Nueva York mucho mejor
que Cuernavaca.

—Y llevaban una semana en Nueva York cuan-
do llegaron los papeles del abogado, y las cuentas ban-
carias, y los rollos de la herencia. Y que se caen al suelo
del susto. El viejo, el padre del marido de Anita era due-
ño de unas mueblerías en el centro, tres mueblerías; y
su marido, el de Anita, pensaba que alguna lana debería
de tener, porque en su casa nunca había faltado y más
bien había sobrado para viajes, coches a los hijos, uni-
versidades privadas, cosas así. Pero no sabía que la cosa

estaba tan espesa. El viejo tenía 70 millones de pesos en valores, cerca de siete en una cuenta de cheques personales, otros 25 en otra en banco diferente, y un titipuchal de propiedades. Una casa en Guadalajara, otra en Guaymas, una embotelladora de refrescos en Puebla. Un buen de lana. Y además otro montón de lana en participaciones de negocios de los que nunca les había hablado a los hijos. Una caja de seguridad en un banco, otra en otro, otra en otro. Lanchas en Mazatlán. Tiendas de ropa en Monterrey. Todo bien raro, bien regado. Entonces el esposo de Anita se fue para el D.F. de nuevo, a hacerse cargo de la fortuna, a sacar un rollo de invalidez mental de su hermano, el del manicomio, a conseguir los papeles para abrir las cajas de seguridad. Y regresó como a los diez días a Nueva York. Y luego, zas, que lo acuchillan en Manhattan dos días después, en el hall del edificio de departamentos donde vivía. Total que de los tres hermanos y el papá, en dos meses ni uno quedaba. Y la Anita que se espanta de a deveras en cuanto se repone del rollo.

Héctor recordó de repente que Elisa y su amiga Anita se encerraban en el cuarto y fumaban a escondidas, y cantaban canciones de Joan Báez con la guitarra, y él se quejaba de que no lo dejaban estudiar y ellas duro y dale. ¿Quién tocaba la gui?

—¿Quién tocaba la guitarra? —preguntó.

Elisa se le quedó mirando. Luego, tras una pausa que Héctor aprovechó para sonreír por lo absurdo de la pregunta, contestó.

—Yo, Anita cantaba mejor, pero no sabía tocar. ¿Cómo te acordaste?

—Yo debería ser un completo idiota, en lugar de ir con ustedes a cantar canciones de Joan Báez me la pasaba metiéndome en la cabeza toda esa mierda de análisis de suelos.

—Mira por dónde coincidimos. Tú, idiota perdido entonces.

—¿Y qué hizo Anita?

—Pues trató de encontrar a más familia, y se encontró que no había nada. Sólo ella. Ni parientes lejanos. Se encontró con un caserón en Polanco, donde todavía quedaban manchas de sangre en la alfombra y una recámara cerrada donde había muerto el viejo bien tranquilo, de su ataque al corazón. Se encerró y se quedó ahí, pensando que nada había pasado, que sólo tenía que esperar un poco para que alguien llegara, la sacara de la pesadilla y la llevara al cine a ver dos de vaqueros y a comer palomitas.

—¿Y quién llegó?

—El abogado de la familia. Un chavo bastante joven que le dijo que era millonaria de millones, y que bueno, él se ofrecía para poner en orden el desmadre de las herencias, y que... Anita se metió en un hotel en la colonia Roma, solita y su alma. Luego buscó una guía de teléfono y se puso a buscar a las amigas de hacía diez años. Y así, de casualidad dio conmigo.

La colonia Roma, un hotel. Eso le gustaba más que Cuernavaca o Nueva York.

—¿En dónde?

—Estaba en la casa de papá y mamá, pagándole a la señora que limpia y recogiendo algunos libros de la biblioteca.

—¿Y entonces? ¿Qué quiere Anita de mí?

—No, espérate, si no termina esto todavía —dijo Elisa, y haciendo un gesto se levantó y caminó hasta el baño. Héctor se terminó la primera pepsi de un trago largo y encendió un cigarrillo después de golpearlo contra la mesa. Los delicados sin filtro que fumaba últimamente venían llenos de troncos, de ramas de árbol; había que sacudirlos para sacarles la basura antes de empezar a fumar. Héctor miró el suyo con desconfianza mientras lo encendía, a la espera que ardiera como pipa de la paz, o se trabara el tiro. De repente una idea le cruzó por la cabeza:

—Elisa... ¿Mataron a Anita?

—Casi —dijo una voz apagada que salía tras la puerta del baño.

Mierda, todo era complicado. Suficientemente complicado como para que la historia lo fuera encandilando, hipnotizando, pero no le gustaba Anita muerta. Para arrancar necesitaba simpatías, y las necesitaba de alguien vivo. Ya se había hartado de amor por los cadáveres en otras historias.

Elisa salió del baño secándose las manos con su paliacate y prosiguió.

—Casi, casi la matan, pero eso viene después. Primero nos vimos, y comimos juntas, y todo muy bien. La pobre andaba como sonámbula. Una tarde me llama y me dice que acaba de entrevistarse con el abogado y que quiere hablar conmigo. Voy al hotel y me cuenta que llegó el abogado medio nervioso y que le dijo así en seco, que podía disponer de algunos millones pero que para tocar la totalidad de la fortuna, tenía que hablar con el señor Melgar, el señor Arturo Melgar. Y al día siguiente la atacaron...

—La Rata —dijo Héctor.

—La merita Rata —contestó Elisa—. Tu amigo de juventud.

—Ah chingá —dijo Héctor, y dejó que el cigarrillo se le apagara entre los dedos.

III

Ocurren demasiadas cosas en el primer plano y no sabemos nada de lo que sucede en segundo

Heinrich Böll

Elisa se había ido durante la mañana y Héctor sintió su ausencia en la casa. No era el calor, eso daba lo mismo, el clima local proporcionaba suficiente; era como si hubiese aumentado la vibración en el aire, como si la paz se hubiese ido. El tiempo había estado moroso, dulzón, mientras Elisa impuso su presencia durante la última semana. Y ahora había vuelto la prisa. Era la ciudad que se metía en el aire, el regreso a la ciudad de México que entraba por las ventanas, mientras desayunaba huevos con tocino en la terraza de la casa contemplando el mar.

"Voy a resentir la pérdida de esto", pensó. *Esto*, era el mar. Para no darle muchas vueltas a los adioses, hizo su maleta en menos de media hora, llenó tres cajas de cartón con cosas que no le importaban demasiado, y que hasta podían perderse en cualquier estación de autobuses, y bajó caminando al pueblo para despedirse de la cuadrilla, de la señora de la tienda de abarrotes, del dueño del cine (sólo una función a la semana para grandes y una para niños el domingo). No fue al muelle de pesca, porque sabía que a aquellas horas ninguno de sus conocidos estaría ahí. No fue tampoco al ayuntamiento y se limitó a pasar por la compañía constructora para cobrar el cheque de la última semana y para informarles que se tenía que ir del pueblo. Ante las protestas de la secretaria, que quería demorarlo hasta que llagara el jefe, le informó que se había muerto su abuelito y que acaba-ba de recibir una herencia.

Devolvió las llaves del coche, que la cooperati-va a veces le prestaba, en el mostrador de Transportes Moro, y sin voltear le dijo adiós al mar.

Héctor podía pasar muchas horas sin pensar, sin rumiar conceptos, podía romper con la necesidad de hilvanar ideas, y limitarse a que la cabeza hilara divagaciones, juntara imágenes, pájaros, mariposas, recuerdos, ensue-ños. De manera que se conectó en ese especial canal de la neblina, y no se desconectó hasta que 16 horas después de haber abandonado la última palmera de Puerto Guayaba, salió del elevador frente a la puerta de su oficina.

Ante el rótulo de la oficina compartida, que ade-más de reconocimiento social le devolvía la seguridad (Belascoarán Shayne/Detective, Gilberto Gómez Letras/ Plomero, Gallo Villarreal/Experto en drenaje profundo, Carlos Vargas/Tapicero), se encontraba un gordo mal trajeado que Héctor recordaba vagamente.

—Ya era hora, ¿a qué horas abren aquí?

—¿No hay nadie? —preguntó Héctor humilde.

—Nadie contesta.

Héctor sacó sus llaves y empujó la puerta de madera y cristal. Una oleada de desmadre y confort le golpeó la cara. Su escritorio tenía encima un sillón lila destripado en el que seguramente Carlos había estado trabajando. Reconoció con cariño la pared donde las fotos de Zapata y los recortes se habrían ido mezclando con las fotos del gordo Valenzuela y los recortes de *Ovaciones*.

Alguien había pintado con gis un avión en el suelo de duela. El Gallo, probablemente el Gallo en un arranque de lirismo.

—Siéntese, por favor —le dijo Héctor al gordo— ¿Viene usted a ver al plomero o al tapicero?

—Vengo a ver al pinche detective. ¿Usted cree que por un plomero o un tapicero iba yo a estar esperando?

—¡Jefe, jefecito santo! Esto no era vida sin usted —aulló Carlos Vargas en la puerta, y sin perder tiempo, estrechó la mano de Belascoarán solemnemente—. Desde que usted se fue ya no vienen rumberas sin brasier, ni ruquitas apuñaladas con el intestino de fuera. Se ha puesto bien aburrido.

—Creo que el detective soy yo —le dijo Héctor al gordo mientras abrazaba al tapicero.

—Mi vieja es bien puta —dijo el señor mal trajeado, y luego tras ahuyentar una mosca de la mesa con unas manos que parecían guantes de béisbol, se le quedó mirando a Héctor.

—¿Y qué le sabe para decir eso? —preguntó muy serio Héctor al gordo, a quien al fin había reconocido como don Gaspar, dueño de una tortería a media cuadra de las oficinas de Donato Guerra.

—Toda la lana que le doy se la gasta en pantaletas rosas y negras y brasieres de firulines y cuando está conmigo no los usa.

—Será tímida la señora —aventuró Carlos el tapicero desde una esquina del cuarto donde aparentaba concentrarse en un sillón de ejecutivo de cuero negro con las tripas al aire.

—No, cuál tímida, es bien puta mi vieja.

—Pero eso no es un dato, don Gaspar —dijo Héctor complaciente.

—No, pues para eso lo contrato a usted, para que lo averigüe todo, y luego para que le ponga en la madre...

—¿Sabe qué, don Gaspar...? —intentó Héctor.

—Yo le pago. Me vale lo que cueste.

Héctor se quedó mirando al hombre que estaba a punto de sacarse de la bolsa trasera del pantalón una anforita de brandy y ponerse a llorar.

—Mire don Gaspar —terció Carlos de nuevo— usted no se preocupe, aquí lo averiguamos todo y no vamos a cobrar mucho...

Don Gaspar miró fijamente al tapicero que sonrió ampliamente mostrando las tachuelas entre los dientes.

—¿Ese señor es su ayudante?

—Sí, a veces me ayuda —dijo Héctor mirando a Carlos, que había congelado la sonrisa.

—No se hable más —dijo don Gaspar.

—Deje ahí en la mesa veinte mil pesos —dijo Carlos. Don Gaspar metió la mano en el bolsillo y sacó un rollo de billetes manoseados y sudados; comenzó a contarlos mientras los desenrollaba.

—¿Su esposa cómo se llama, y cuál es su dirección? —preguntó Héctor.

—Amalia, se llama Amalia la muy puta, y vivimos en la colonia Moderna. Ahí le anoto la dirección...

pero yo estoy en la tortería todo el día, por eso se volvió tan puta.

El hombre anotó, en un pedazo de periódico que había sobre la mesa, sus datos, y se levantó sin decir más. Caminó hacia la puerta como si cargara el peso de su mujer arriba de las enormes espaldas. Con suavidad cerró la puerta.

—¿Y ahora quién va a averiguar si la esposa de don Gaspar es muy puta o no? ¿Y si es muy puta quién la va a madrear? ¿Usted? Mire nomás en que líos nos mete. Acabo de llegar y ya me metí en otro desmadre. Yo tengo un trabajo entre manos, no puedo rondar en los departamentos de lencería del Palacio de Hierro checando la ropa interior que compra la señora esa.

—Déjemelo a mí, yo le reporto —dijo Carlos muy serio acercándose a la mesa. Tomó los veinte billetes arrugados de a mil y los dividió en dos. Tomó el pedazo de papel y después de prodigarle al detective una sonrisa tan amplia como la anterior, salió sin mirarlo de nuevo.

En el fondo Héctor estaba a gusto. Tenía tanto interés como don Gaspar en saber si doña Amalia era putísima o no, y en por qué compraba ropa interior de fantasía si luego no la usaba con su marido. La vida era mitad curiosidad y mitad compromiso. El compromiso estaba en impedir que el don Gaspar la fuera a golpear. Héctor pensaba que todo el mundo tenía derecho a ser putísimo si no joroba la vida ajena en demasía, de manera que permitió que Carlos saliera en misión de exploración y se embolsó los diez mil pesos. Si la señora era inocente con los diez mil pesos le iba a regalar una buena cantidad de brasieres, ligas y pantaletas de fantasía.

Metió sus billetes al bolsillo, fue hasta la caja fuerte, sacó su pistola y la funda y se las colgó; autografió apócrifamente un poster del gordo Valenzuela que había en la pared, para Gilberto, su otro compañero de oficina, y salió hacia el hospital.

Llovía. Eran los últimos días de febrero, y llovía. Cada vez, la ciudad era más hostil con sus hijos. Héctor había registrado en el autobús la conversación de dos viajeros que se quejaban de la cantidad de enfermedades virales que había en el aire de la ciudad: virus mutantes por todos lados en el contaminado aire chilango; y lluvia gruesa, que ensuciaba la ropa tendida olvidada por las mujeres en las azoteas. Se subió el cuello de la chamarra y comenzó a brincar charcos. Era una bienvenida esperada. Esta era la ciudad que lo esperaba. Era la misma ciudad de siempre. Un poco cabrona, no más quizá que una buena parte de los que vivían en ella. Calculó mal un salto y metió toda la pata en un charcote. No pudo impedir que la sonrisa apareciera en la cara mojada. Esta era la bienvenida.

Anita tenía en el cuarto del hospital una televisión encendida, pero no la escuchaba, ni siquiera le dirigía una mirada de vez en cuando. Estaba ahí para que Anita no pudiera quedarse sola consigo misma demasiado tiempo. Héctor conocía esta relación, mujer-televisor encendido. La había visto cuando su padre enfermó para morir. Por eso, a pesar de que los anuncios de lubricantes a todo volumen lo distraían, no la apagó.

Anita se veía desvalida. Los brazos pálidos sobre las sábanas excesivamente blancas. Cerca de la muñeca algunos moretones. Un mentón inflamado con las huellas de los puntos de sutura aún. El pelo rojo bien peinado derramado sobre la almohada. Si el cuadro hubiera sido creado para crear adhesión y simpatía, estaba logradísimo. Héctor se anotó inmediatamente al club de admiradores de Anita. Sabía que la habían golpeado con una manopla de hierro, la habían violado y la habían dejado tirada en la calle, sangrando, un día de lluvia como éste.

—Quihubo pelirrojita, pareces enferma de película —le dijo después de separar la mirada de la ventana donde las gotas golpeaban rompiéndose.

—Eres mi detective, ¿quién lo hubiera creído? Yo siempre pensé que eras un tarado.

—Es que me veías desde abajo.

—Ni modo, cuando te conocí medía menos de uno sesenta.

—¿Y ahora?

—No, ahora debo medir cuando mucho uno cincuenta después de la madriza que me arrimaron.

Y no dijo más porque se puso a llorar, con unos lagrimones que harían enverdecer de envidia a la lluvia.

—Órale, muchacha, no haga eso.

Anita siguió llorando, sin pudor, sin tratar de ocultar el rostro, inmóvil; sin llevarse las manos, colocadas al lado del cuerpo e inmóviles, a la cara.

Héctor fulminó con su ojo bueno la televisión y golpeó un par de veces con el puño la puerta del baño. Si para meterse en una historia hacía falta curiosidad, para terminarla hacía falta que ellos, los otros, lo empujaran a uno hacia el final, o que se amontonara entre los dientes un buen pedazo de odio. Ya lo tenía. Si algún día encontraba a los que habían lastimado a Anita, les iba a sacar la mierda por las orejas.

Anita lo contemplaba a través de las lágrimas y el detective no podía quitarle la vista de encima. No era que Héctor tuviera muy desarrollado el sentido melodramático o el gusto por la tensión, ni siquiera que de los ojos verdosos de la desvalida muchacha pelirroja, fluyera el alimento de odio necesario, del que se había nutrido hacía tan sólo unos instantes. Era simplemente que no sabía qué hacer.

—Siéntate —dijo Anita con la voz como un susurro de moribundo.

Héctor buscó con la mirada un asiento y sólo encontró un sillón repleto de rosas pálidas. El borde de la ventana donde la lluvia repiqueteaba, era muy estrecho.

—Siéntate aquí, tarado —dijo Anita con el esbozo de una sonrisa en los ojos lacrimosos.

Héctor se aproximó a la cama, acarició el rostro de la muchacha con una mano que sabía áspera e inútil para transmitir el amor, y se sentó a su lado.

Anita había movido por primera vez los brazos desde que Héctor entró a la habitación, para señalarle un lugar donde sentarse.

—Ahora sabes lo que se siente, ¿verdad?

Héctor asintió.

—Eres el único al que se lo voy a contar, a Elisa apenas si se lo dije, nada, casi nada, no podía... A ti te lo voy a contar, te lo voy a contar a ti y luego voy a olvidar para siempre. Siempre de los siempres. No fui yo, fue otra. Y todo pasó hace cinco días... Estaban dentro del cuarto del hotel cuando llegué. Apenas si abrí la puerta y me jalaron. Estaba oscuro, pero se les podía ver, porque el cuarto estaba en el segundo piso, con vista a la calle y había ese farol. El que me metió al cuarto de un tirón me jaló el pelo. Me debe haber arrancado un buen pedazo, porque cuando me encontraron también me sangraba la cabeza y ahí no tenía heridas. Me jaló, y me gritaba: "Pinche puta, te vas a ir de México. Te vas a ir ahorita mismo" y no decía otra cosa. Uno encendió la lámpara que había al lado de la cama. Yo grité y otro, uno que había estado sentado en el sillón se levantó y me pegó con una de esas cosas que se ponen en la mano, con hierro, como una manopla, una de esas, en la cara. Y yo gritaba hasta que me ahogué de puros gritos y ya no podía hablar. De miedo no podía hablar. Trataba de jalar aire y no entraba, no quería entrar, de miedo, de puro miedo me estaba ahogando. El que me jalaba el pelo, un güero con la cara toda llena de acné, como podrido el güero, lleno de cicatrices chicas en la cara, de barros infectados, me tiró al suelo. El de la manopla me pateó una vez y sentí que se me rompían las costillas, pero me ayudó porque pude jalar aire, pude respirar. Ese era chaparro, muy fuerte, muy fuerte, musculoso, como Chelo, ¿te acuerdas de Chelo? El chofer de tus vecinas en Coyoacán. Así, muy trabado, pequeño, de pelo negro chino, muy elegante, con saquito cruzado, con bigote bien espeso. Ese me pateó y luego se rió. "Cállate pendeja", dijo. Y yo estaba callada, sólo jalando aire. El güero del acné se agachó y me arrancó la ropa, a tirones, jalándola. Cuando me violaron tenía pedazos de ropa encima, el cinturón de la falda, los calcetines, un zapato. Y me gritaban los dos. El otro siempre estuvo callado. Ese sólo habló cuando me dijo que me tenía que ir de México, que ya tenía bastante dinero, que me fuera ya, de una vez. Y luego me puso papeles en blanco enfrente, un montón, y me arrastró hasta el escritorio que había enfrente del espejo, me puso una pluma en la mano y me dijo: fírmalos o te mueres; así nomás: fírmalos o te mueres. Y yo me miré en el espejo y no hice mi firma, hice otra. No por valiente, no creas, ni nada de eso. Hice otra firma porque se me había olvidado la mía. Se me había olvidado quién era. Y yo quería sólo hacerles el daño, hacerles algo, devolverles el daño a esos... Luego ese mismo llamó por teléfono y dijo "ya está", y se quedó escuchando y el chaparro sacó una navaja y me cortó en el muslo, aquí, y yo volví a gritar, y el güero me tiró al suelo y me metió en la boca... Me metió en la boca un pedazo de mi brasier, un pedazo todo lleno de sangre. Y luego ya no supe más, porque se fueron; yo quería que se fueran y se fueron. Me desperté en !a calle con dos vendedores de periódicos que me estaban levantando para quitarme de la lluvia y luego vi la luz de la ambulancia, pero no oía nada.

Anita se quedó en silencio. Su mirada fue a dar a la ventana.

—Ya lo contaste, ahora puedes olvidarlo para siempre —dijo Héctor.

—No es verdad.

—Sí, es verdad. En una semana, estás reparada, y el primer día que te dejen salir, nos vamos a bailar.

—Tú no sabes bailar.

—En una semana aprendo.

—Tengo mucho miedo.

—¿Por qué no te vas?

—¿A dónde? ¿A Nueva York? ¿A la casa donde murió Luis? ¿A dónde más? ¿Con quién? ¿Con quién me voy? —preguntó Anita, y las lágrimas volvieron a los ojos—. A veces estoy sola aquí. Elisa está a ratos conmigo, pero tengo miedo que a ella le vaya a pasar algo... Estaba toda mojada esa noche y no lo sentía...

—Te voy a conseguir las mejores niñeras de México, por eso no te preocupes. Mientras estés aquí, vas a tener los mejores guardianes. ¿Cuánto dinero tienes?

—Mucho. Había estado arreglando algunas cosas de la herencia. El abogado me puso en mi cuenta como 5 millones de pesos antes de esto.

—Hazme un cheque por 50 mil pesos...

—Con la firma buena.

—Con la firma buena, chaparrita.

—Y eso, ¿qué paga?

—A tus nuevos guardianes.

—¿Y tú?

—Lo mío es gratis, muchacha. Dime sólo ¿qué quieres?

—Quiero saber qué pasó. ¿Quiénes mataron a Luis y a sus hermanos? ¿Quién me hizo esto?

—Vamos a hacer algo más que saberlo —dijo Héctor, y luego se sintió terriblemente autosuficiente, encabronadamente barato. Pero no cambió las palabras. Sólo ocultó la vista en la ventana donde seguía lloviendo.

—¿Puedes pedir que pongan una cama extra en el cuarto? Hoy voy a dormir aquí.

Anita asintió.

—Ana, ¿estás despierta? —dijo Héctor en la oscuridad.

—Sí, ¿quieres que encienda?

—No... Cuéntame, ¿cómo eran los hermanos?

—Pancho, el mayor, era un pobre pendejo, es el que mataron a tiros. Me da no se qué decirlo ahora que está muerto, pero más de una vez se lo dije en su cara. Hablaba de la gente como si fueran cosas. Su carro, su amigo, su mesero, su albañil, su restirador, su boleto de avión. Estudiaba arquitectura, pero llevaba más años de retraso que de carrera. Era chistosito, muy orgulloso, bien peinado, consentido de papá. La mamá de los tres se murió hace un chorro. Yo siempre pensé que el viejo tenía casa chica porque de vez en cuando se desaparecía sin dar cuenta de nada. La familia era de Guadalajara, por lo menos la mamá. El viejo había sido gerente de una tienda grande, Salinas y Rocha o el Palacio de Hierro y allí conoció a su mujer. Luis nunca me habló de ella. No la recordaba bien. Luis era genial. Siempre de buenas. Siempre con ganas de hacer algo. Siempre dispuesto a dar parte de su tiempo a los demás. Se llevaba a patadas con el jefe y con Pancho. Luis era el segundo hermano, tenía 30 años, nos casamos hace dos y nos fuimos a hacer la especialidad en Estados Unidos. La verdad es que Luis quería irse para no seguir viendo a la bola de pendejos de su familia. Pinche gente... ¿Y yo? ¿qué ando haciendo? Ni quiero el dinero de esa familia. Ni quiero nada.

—¿Y el tercer hermano, el que está en el hospital?

—Alberto era el menso de los tres. Quería tener un jardín botánico y vender flores, como Matsumoto. Me late que era puto. Tímido. Se pasaba las horas viendo la tele. Manejaba muy bien, le servía de chofer a su papá, porque había dejado de estudiar después de la prepa. No es mal chavo, lo que pasa es que le falta algo.

—¿Nunca te habló Luis de los negocios de su padre?

—Yo sabía que tenía unas mueblerías. Pero Luis no sabía más que yo. Cuando llegó a Nueva York la carta del abogado, se le pusieron los ojos cuadrados. No entendía nada. Dijo que tenía que estar equivocado, que de dónde su papá había sacado esa cantidad de lana. Nada. Ni le busques Héctor, ya me hice cuadritos la cabeza tratando de recordar algo que te pudiera servir. Un cuate que haya visto a la hora de la comida en la casa de la familia, un comentario del viejo Costa, algo que Luis me haya dicho. Nada. Nada de nada. Te lo juro.

—¿Dónde vivían?

—En una casa sola, en Polanco. Tenían una sirvienta, que cuando regresamos a México no la pude encontrar, y una chava que lavaba por días. Elisa recogió mis cosas del hotel, ella te puede dar la llave de la casa.

—Una sirvienta.

—Doña Concha, la sirvienta vieja de la familia, la que había cuidado a los niños. Yo creo que del susto se piró. La policía la interrogó, pero el asesinato de Pancho fue el día de su salida. Luis habló con ella y no le sacó nada. Se me hace que por ahí tampoco. Ve tú a saber dónde anda ahora.

—Alberto, ¿lo viste?

—Lo vi en el sanatorio. No habla, no mira. Horrible, el pobre chavo. Luis trató de sacarlo del shock hasta que los médicos dijeron que parara, que lo estaba angustiando inútilmente; que ése ya no regresaba nunca. Caray, tengo que acordarme de dejar pagado el sanatorio del chavo. No vaya a ser que...

Héctor quedó en silencio. No tenía nada más que preguntar. Luego encendió un cigarrillo. En la cama de al lado, surgió también una pequeña lumbre.

—¿Sabes qué, Héctor?

—¿Qué?

—Que es igualita a una pesadilla. Igual, porque las pesadillas también son así de incoherentes, de idiotas y de terribles.

Héctor asintió, pero Anita no pudo verlo.

IV

Sería porque Héctor en aquellos años nunca volteaba para las filas de atrás, o porque la verdad, poco había de llamativo en el rostro de pescado del muchacho vestido con trajes grises y azules que parecían heredados por un hermano mayor, y que colgaban desgarbadamente sobre su cuerpo; o porque Melgar nunca abría la boca en clase y por lo visto tampoco fuera de ella. El caso es que en aquel tercer y aburrido año de la carrera de ingeniería en la que compartieron salones, maestros y compañeros, Héctor dejó que el personaje le pasara desapercibido casi hasta el final del año. Faltando tres semanas para los exámenes semestrales, un día sobre la tarima, tras pedir respetuosamente permiso al maestro en turno, desfilaron los candidatos de la "Planilla superación" a la sociedad de alumnos de la facultad, y en los últimos lugares de la cola, estaba Melgar, con cara de perro triste y ojos de huachinango cubiertos por gruesos lentes oscuros que sólo se quitó una vez para secarse el sudor que le bajaba de la frente. Héctor y tantos más reconocieron al compañero de grupo y eso no hizo que votaran o dejaran de votar por la "Planilla superación", que por cierto, con un bailongo con tocada rockera, ganó las elecciones sobre una deslucida planilla del PC, cuyo lenguaje de democracia universitaria resultaba bastante hueco en aquellos años de apatía estudiantil. Así, Melgar, aunque no pasó de año, pasó a la grilla.

Ya nunca volvieron a coincidir en salones de clase, laboratorios o prácticas. Melgar se volvió una referencia oscura para Héctor. Formaba parte del grupo que se emborrachaba a la entrada de los pasillos del ala izquierda del edificio principal de la facultad. Era de aquellos que aparecía con traje y corbata reluciente de puro nuevo y luego los paseaba por la escuela aparentemente sin motivo. Poco a poco comenzó a emanar de él aire de autoridad. Alguna vez a Héctor le llegaron noticias de aquel extraño personaje: que había dirigido a una horda de porros que asaltaron la facultad de Ciencias para impedir la proyección de *8 y medio* de Fellini, por "amoral"; que traficaba con mariguana, situación muy poco común en aquellos años previos al movimiento del 68, donde palabras mayores en materia de droga eran dos bencedrinas con bacardí; también se decía del buen Melgar, que cobraba por sus servicios (y estos nunca eran muy claros, vinculados siempre en las palabras de los rumorosos al gangsterismo universitario en ascenso) de un funcionario de la rectoría de la UNAM.

En los meses anteriores al movimiento estudiantil, Melgar adquirió una cierta notoriedad y su apodo, La Rata, subió tres puntos en el *rating* de la popularidad universitaria. Se decían de él cosas muy variadas: que había dirigido una huelga en una preparatoria para expulsar a un director, que cobraba en el PRI, que extorsionaba a los peseros que entraban en territorio universitario, que andaba armado con pistolas y puñal (sic). Héctor lo vio un par de veces, una de ellas en una asamblea donde La Rata fue abucheado y regresó a la media hora con sus cuates, arrojando bombas de amoniaco que hicieron que la asamblea se descagalara; la otra, que sería la que le venía a la memoria con más claridad después de tantos años, fue una vez que Héctor caminaba por la zona verde a espaldas de la escuela, pensando que algo estaba roto, que algo se había equivocado en algún lugar y que él debería llevarle flores a una tal Marisa y arreglarlo todo. La Rata estaba tirado en medio de la yerba, con los lentes rotos a un lado de su mano crispada. Mirando sin ver hacia Héctor, unos gruesos lagrimones le resbalaban por las mejillas. Héctor se acercó y lo ayudó a levantarse. "Gracias, mano, te debo una", dijo La Rata moqueando. Héctor ni siquiera contestó y lo condujo, como lazarillo, hasta el circuito universitario, donde el otro se soltó del brazo bruscamente. Por más que intentaba años más tarde, no podía recordar el rostro de aquella Marisa, pero sí los ojos miopes de La Rata y sus lagrimones.

Durante dos o tres años, en las navidades llegó a su casa una monumental canasta con una tarjeta que decía simplemente Arturo Melgar. De ahí las bromas de Elisa, que le achacaba a Héctor una amistad dudosa con el gángster estudiantil.

Físicamente, nunca lo volvió a ver y la mirada angustiada de La Rata sólo llegó hasta Héctor a través de dos fotos de periódico años más tarde, una cuando al tratar de romper un mitin en el movimiento del 68, alguien le metió un plomazo en el hígado. La segunda tenía numerito abajo y era acusado de haber organizado una guerrilla urbana (¡!). En ambas ocasiones Héctor dejó el periódico a un lado y durante unos breves segundos, pensó que la vida en México era un misterio digno de tener su propio rosario.

Esto es lo que Héctor sabía, y aunque fuera un resumen aceptable de la veloz biografía de La Rata, apenas rascaba las intrincadas conexiones políticas que Arturo Melgar había logrado armar en años turbulentos.

Héctor no sabía que La Rata había descubierto a los veinte años un accionar político y aparentemente errático, en el que riesgos y fidelidades tienen premios equivalentes a ascensos, en una inexistente pero omnipresente escala que lleva al centro del poder en este país. Héctor no sabía que La Rata había aprendido a jugar un juego cuyas reglas cambian frecuentemente y que obligaba a sus jugadores a irse fabricando pieles, ofreciendo sumisiones, aportando crímenes y creando un poder con el que actuar, que ofrecer, con el que negociar.

Primero ofreció sumisión y anticomunismo a las autoridades universitarias pero la intuición y las buenas compañías le dijeron al oído que no hay que ser hombre de un solo amo, porque se termina de burócrata o mandadero. De manera que organizó un pequeño negocio de extorsión a los vendedores ambulantes en el área occidental del circuito universitario. La Rata en esos días aprendió a ser fuerte y servil, despótico y arrastrado por riguroso turno, y a dosificar actos de crueldad o valor. Porque los huevos eran negociables. Aprendió también a mover la labia, lo cual le hacía intermediario entre los buscadores de servicios y los neanderthálicos porros de infantería, y por último a mantener cohesionadas a las erráticas bandas.

Poco a poco fue destacando en un submundo de pequeños hampones y haciendo contactos con aquella fuente de poder, que aún se presentaba nebulosa ante sus ojos miopes, y en la que se materializaba el estado mexicano: un funcionario en el Departamento del D.F., la Dirección General de Preparatorias de la UNAM, un secretario de la facultad de Derecho, un dirigente priísta de las colonias del sur del D.F., un comandante de grupo de la judicial, en fin, el Estado Mexicano.

Fiel a su aprendizaje de servir pero no depender, encontró en el tráfico de mariguana una fuente de recursos económicos fundamental para adquirir el liderazgo de las bandas, y en el hecho de que a cambio de servicios prestados, las autoridades universitarias cerraban los ojos, una buena tapadera.

El ascenso de la izquierda en la universidad a partir del 66 ofreció a La Rata fuentes de trabajo abundantes: atacar elecciones estudiantiles, irrumpir en cineclubes creando el terror, quebrar huelgas, secuestrar a un maestro, vender información, estimular motines para apoyar a un grupo de funcionarios enfrentado a otro. Combinó sus tareas a sueldo con asuntos por su cuenta, como el robo de cien máquinas de escribir de los depósitos de intendencia de la Ciudad Universitaria, o el lanzamiento en plan estelar de un burdel en las cercanías del Desierto de los Leones.

El movimiento del 68 ofreció a La Rata breves momentos de efímera gloria. Llegó a entrevistarse con el Regente de la ciudad de México y por sus manos se canalizó un buen montón de billetes hacia los grupos gangsteriles que trataron de quebrar la primera oleada del movimiento estudiantil; pero a pesar de sus "buenas intenciones", fue arrasado por un movimiento en el que participaban centenares de miles de estudiantes y sus esfuerzos, no dieron para mucho. Rompió alguna asamblea, destrozó automóviles en un estacionamiento durante una de las manifestaciones de masas y vendió información a la policía, que ya no sabía qué hacer con tanta. Desesperado, en septiembre trató de quebrar un mitin en el Poli y le metieron un tiro cuando trataba de abrirse paso hasta el micrófono con una varilla de hierro en la mano.

La Rata, abandonado por amigos y enemigos, vivió el final del movimiento del 68 en el anonimato de un hospital privado de Toluca, y se descubrió a los 28 años solo y abandonado. El porrismo renació en la Universidad en el año 1969, pero La Rata, no estaba allí para recobrar fama y fortuna, porque había aceptado un suigéneris empleo de la policía federal. Estaba organizando una guerrilla urbana. Estos ya no eran juegos estudiantiles, pensaba La Rata, por cuyas manos rodaban billetes en grande, y organizó el asalto de un par de bancos por esto de "la cobertura". Poseía un arsenal de ametralladoras y pistolas, casas alquiladas y una nueva labia izquierdista que logró conquistar a algunos despistados. La "guerrilla" realizó tres operaciones (los dos bancos y un secuestro de un político con el beneplácito de la policía), reclutó a 16 muchachos, de los cuales La Rata entregó a once en una misión suicida, y los cadáveres quedaron ahí para comprobarlo. Pero en una de malas, con un cambio de orientación en el aparato policiaco, la guerrilla fue desmantelada con lujo de movimientos, fotos de prensa y despliegue de patrullas, por los mismos que la habían creado. La Rata no paró de protestar y por olvidarse durante un momento quién era el poder, recibió un culatazo en la boca que le hizo perder varios dientes. Pasó seis meses en Lecumberri, durante los cuales puntualmente le depositaron su sueldo en una cuenta bancaria y luego salió de la cárcel con mucho menos ruido del que había entrado.

En 1972 la Universidad ya no era negocio y La Rata rebuscó en el basurero de sus recuerdos dónde

había visto refulgir el oro. Reclutó a algunos viejos com-
pinches, montó un servicio de guardaespaldas para fun-
cionarios de segunda línea: subsecretarios de estado, di-
putados priístas; invirtió en condominios, se acercó al
tráfico de drogas mayores y salió de ahí convencido de
que eso ya era propiedad de otros y que si se acercaba
le iban a quemar las manos, y volvió a encontrar en la
nueva administración sexenal las relaciones, los hom-
bres claves, los trabajos sucios. En su cuenta habría que
poner que estaba siempre dentro del sistema, pero siem-
pre ligeramente fuera; quizá más lucrativo aunque un
poco más riesgoso.

Entonces, a mediados de los años 70, encontró
su mina de oro. Y se puso a vaciarla.

V

*Pocas veces se puede oír lo que uno quiere
en la radio. Hay que prenderla y contentarse
con lo que hay. Así es este negocio*

Luis Hernández

—Me veo bien, ¿no? ¿Me veo bien? No. Sólo es la apariencia. Me estoy zurrando de miedo, perdone la expresión, zurrando, amigo. Hace una semana que no duermo bien, me paso el rato mirando por encima del hombro para ver si me siguen. No quiero saber nada de esto. Yo fui el abogado del señor Costa, y hasta ahí. Yo era abogado de un pendejo que tenía tres mueblerías: no sabía nada de sus negocios y no quiero saber nada. Ya cumplí haciendo que le lleguen a la cuenta bancaria de la señora Anita los billetes que deberían llegarle. Hasta ahí.

Héctor lo miró fijamente. El abogado se movía mientras hablaba, movía las manos, movía las cejas, movía los pies, se rascaba el hombro.

—No me entiende, abogado. No quiero que haga nada nuevo. No quiero que se meta en ningún problema por nosotros. Quiero sólo que me diga quién le transmitió el recado y qué decía exactamente el mensaje, exactamente, para no equivocarme.

—Ya se lo dije a la señora Anita, van a creer que a usted... —la frase quedó flotando en el despacho presidido por un diploma de la universidad de 1960, donde el actual abogado disimulaba un poco la mierda que era con una infantil sonrisa de recién graduado.

—Sólo el mensaje —dijo Héctor—. Quién, y qué decía. Eso nada más y me voy caminando tranquilo por donde entré.

—¿Cuál mensaje? —respondió el abogado rascándose la barbilla.

Héctor carraspeó, hizo que una flema subiera por la traquea y la escupió con fuerza sobre la camisa del abogado al otro lado del escritorio. El abogado se hizo hacia atrás tratando de evitar el gargajo, pero sólo logró desviarlo de su objetivo original y que cayera en el chaleco en lugar de en el centro de la corbata.

—¿¡Qué chingaos le pasa!?

—El recado. Quisiera saber ¿quién le dio el recado, qué decía exactamente y por qué está usted cagado de miedo?

—Vinieron dos pistoleros, señor, me pusieron una pistola en la cara y me dijeron: "La Rata dice que ese dinero no es de la niña, que el señor Costa nomás lo guardaba. Dale el recado. Ponle cinco millones en su cuenta y deja quieto lo demás". Eso dijeron y ya. Yo le dije a la señora lo mismo. ¿Qué mierda quiere de mí?

—Usted ya no representa a la familia Costa, ¿verdad? Bueno, pues ponga toda la documentación en una caja y envíesela a Vallina y Asociados —dijo Héctor, y luego pasó sobre el escritorio un papelito con la dirección de la firma de contadores y se fue dejando al abogado limpiándose el chaleco con meticulosidad pero sin gana.

Después del primer encuentro, se fue reincorporando a la ciudad lentamente a lo largo de la mañana por el método habitual. La ciudad entra por los pies y los ojos y Héctor la caminaba y la miraba. Era la misma. No cabía duda. Quizá seguía deteriorándose, quebrándose, corrompiéndose, pero era la misma. Cruzó calles y parques, paseó por camellones llenos de basura, brincó bardas, entró en tiendas de abarrotes donde bebió un refresco o compró cigarrillos, comió tacos de pie, entró en una librería y salió con dos novelas policiacas de Chester Himes, la *Historia de la conquista del Nilo* y todas las novelas de ciencia ficción de Alfred Bester que pudo encontrar, gastó dos mil pesos en latas de conserva en un super; vagó por Tacubaya, la Escandón, Mixcoac, hundiéndose en el gentío, alucinado por los ruidos de las tiendas de discos y el tráfico. Caminó y vio hasta que los pies comenzaron a cocinarse dentro de los calcetines y el ojo bueno comenzó a llorar. Luego se rindió y se dio por recibido al D.F. No estaba muy claro si la ciudad podía considerarse un hogar, pero si algún lugar podía llamarse casa, en ése estaba.

Con el reencuentro, se evaporó la nostalgia por la última palmera al final de la playa... Estaba listo.

Al llegar al despacho se quitó los zapatos y se tendió en el sillón desvencijado. Pareciera como si Carlos el tapicero hubiera decidido que no valía la pena invertir trabajo en el mueble lila y lo dejaba para que pasaran los días y se fuera convirtiendo en una ruina divertida a la que las tripas y los resortes le brotarían por los lugares más insospechados.

Cuando Héctor encendió el primer cigarrillo, comenzó a llover. La lluvia sacudió la ventana y puso fondo a sus ronroneos.

¿A qué darle tanta vuelta? El dinero era turbio, era dinero negro y La Rata tenía interés en él.

Sin mucha vuelta de hoja, seguro que la misma Rata había estado detrás de los asesinatos de la familia Costa, para que no le movieran de lugar los billetes, amasados indudablemente sin sudor y con mordida, transa, negocio puerco, favor y corrupción, sangre sin duda. Los billetes eran de La Rata, dentro del código mexicano, le pertenecían, a él o a cualquiera de sus múltiples empleadores sumido en las cloacas del poder... ¿Para qué meterse entonces? Proteger a Anita y sacarla del lío, alejarla de la historia, poner kilómetros entre ella y la podredumbre... Por primera vez en mucho tiempo, la curiosidad no le mordía, no lo obligaba a empujar hacia adelante. No había tampoco la dosis de venganza en nombre de los muertos, de los vivos, o de la imagen de lo que debería ser este país, como tantas veces había existido en otras historias. A lo más la apetencia de hacer pedazos a los tres violadores de Anita, meros ejecutores de voluntades ajenas, piececitas puercas de una maquinaria puerca. Podía empujar, dar la lata, meterse en el asunto para descubrir fraudes, negocios sucios, billetes abundantes y en el camino dejar un buen pedazo de piel, o toda la piel y los huesos; encontrarse con que de cazador había pasado rápidamente a convertirse en víctima señalada por el dedo. ¿Era eso lo que quería? Sabía que cuando llegara al final, si llegaba, se iba a encontrar con una pared que impediría la justicia. Encontraría un muro de situaciones creadas, compromisos, escritorios, fuerza, costumbres, complicidades que abarcaban desde la última esquina del mundo del hampa hasta los cielos del poder, trenzados sutilmente a lo largo del tiempo. Carlos, su hermano podría decirle lo mismo que él se estaba diciendo, pero si lo dijera Carlos, él tendría otras respuestas, u otra ausencia de respuestas y una inercia que lo empujaría hasta el final, y entonces, Carlos le diría que no era el final, que sólo le había sacado un poco de tierra debajo de las uñas al poder... Estaba cansado. No se podía empezar una guerra con tanta sabiduría de derrota, y aún así, Héctor decidió que no tenía ningún otro lugar a dónde ir, ningún negocio, calor de hogar o rutina a qué acogerse, y se fue descalzo hasta el teléfono, tratando de que las virutas y la basura en el suelo del despacho no se le clavaran en los pies, para conseguirle su par de guardaespaldas a la Anita y hacer otro par de llamadas que lo metieran en una historia que sin querer iba a hacer suya.

—¿Qué te parecen tus nanas? —le preguntó a la muchacha hundida en la cama mientras abría la puerta para que El Ángel II y El Horrores entraran al cuarto. Estaban un poco cascados, las cicatrices en el rostro hacían obvio que los dos luchadores habían tenido mejores tiempos; incluso su paso torpe, la dejadez de sus movimientos, hablaban claramente de que no había ring que los aceptara. Pero aún así, los rostros duros, los cuerpos que imponían por la mole, los músculos que se mostraban a través de las chamarras, las manos descomunales, imponían.

—Anita, te presento al Ángel II y al Horrores, dos amigos míos. El Ángel fue campeón de peso completo en el 62 por seis meses...

—Cinco, señorita.

—...Y el horrores le ganó una pelea estelar a Blue Demon con una quebradora.

El Horrores y El Ángel sonrieron. Anita no sabía si desaparecer debajo de la sábana blanca o pedirle a los dos luchadores, que deberían pesar entre ambos cerca de 200 kilos, que le cantaran una canción de cuna.

—Son amigos míos y yo los garantizo, nadie va a pasar por esa puerta si tú no quieres —dijo Héctor divertido ante el contraste de la pequeña y desvalida pelirroja y la fiera presencia de sus cuates, que un poco intimidados, buscaban una esquina del cuarto para hacerse anónimos.

—Además, saben jugar dominó, cartas y El Ángel es bueno para el ajedrez —el aludido sonrió ampliamente, mostrando una boca llena de brillos por las piezas dentales metálicas que habían substituido a las originales. Anita esbozó una débil sonrisa.

—Señor Ángel, señor...

—Dígame Horrores, señorita.

—Yo nomás sé jugar canasta, y hasta eso mal...

—Aprenderemos, no se preocupe —dijo El Horrores viendo que la cosa iba a ponerse mejor de lo que esperaba.

Héctor abarcó con la mirada a su equipo de cuidadores-cuidada y se sintió francamente orgulloso. Si lo dejaban, era capaz de montar una selección nacional.

Había que moverse rápido, recuperar el tiempo perdido dudando. Por eso, media hora después, Héctor entró en la oficina principal de Vallina y Asociados, Contadores, miró fijamente a Vallina-y-Asociados-Contadores (que evidentemente era como dios, un solo tipo con tres existencias verdaderas) y le pidió el resumen del estudio de las finanzas de la familia Costa.

Vallina, cuyo saco relucía en los codos a pesar de que en las paredes del cuarto tenía una foto suya con la reina de Inglaterra (la verdad es que la foto no era suya, sino de un tipo que se le parecía), le extendió a Héctor un sobre por encima del escritorio.

—Me eché el estudio en dos horas. Con esto vamos seis a cuatro.

—¿Favor suyo o mío?

—Mío, no te hagas pendejo, Héctor.

—Entonces le debo dos.

Vallina asintió muy solemnemente, sacó un pañuelo y se sonó ruidosamente. En el bigote le quedaron leves huellas de mocos. Estaba visto que a pesar de sus mejores intenciones, no le quedaba otra que esperar a la revolución socialista para triunfar en la vida.

—¿Te las puedo cobrar de una vez? —preguntó—. Tengo dos investigaciones que necesito que me hagas.

Héctor caminó hacia un pequeño refrigerador que estaba colocado en una esquina de la habitación.

—Prefiero que no, mano, en esta historia que estoy metido, no me puedo dar el lujo de andar de amateur con seis chambas al mismo tiempo, y ya tengo dos.

En el refrigerador había medio chorizo, el foco estaba fundido y el único y solitario refresco que quedaba estaba abierto y casi sin gas. Aún así, Héctor, tras haberlo sacudido para comprobar la edad (como todo entendido hace con los refrescos abiertos), le dio un cauteloso trago.

—Además de esta locura, ¿otra? —preguntó Vallina rascándose la barriga, entre dos botones de la camisa.

—Otra que te encantaría, ropa interior de lencería fina del Palacio de Hierro... Oye, hablando de ropa interior, ¿tu camiseta es de los Dallas Cowboys?

—¿Cómo supiste?

Héctor salió del despacho con el sobre, en el que Vallina, a pesar de su desgarbado estilo, enviaba un informe donde habría estudiado minuciosamente los papeles que Héctor le había mandado, y se despidió con un:

—Le debo dos.

Escogió para leer los papeles, una conferencia de Héctor Mercado sobre los "orígenes del artículo 123" en el Centro Cultural Reforma. Sentado en la última mesa, sin hacer el mínimo caso al conferencista, se hundió en las tres apretadas hojas de escritura mecanografiada que Vallina le había entregado. La elección de oficina suplente no había sido arbitraria. Una vez metido en la historia, tenía que romper sus rutinas, no convertirse en un pichón; si iba a ser un blanco, lo que era muy probable, sería como el personaje de la novela de Ross McDonald que alguna vez había leído, un blanco móvil, y tan erráticamente móvil como podía ser un ciudadano del D.F. con imaginación.

Mientras el abogado se enrollaba con la historia del Congreso Constituyente del 17, Héctor se hundió en la historia financiera de Costa el mueblero, narrada por Vallina. El contador, había llenado de interrogaciones todos los puntos oscuros, que por cierto eran muchos. La historia podía resumirse del resumen así: hacia noviembre de 1977 el próspero mueblero Costa había empezado a manejar efectivo diez y veinte veces por encima de sus recursos normales. Colocó el dinero a su nombre en los negocios más variados. Casi parecía que su problema era encontrar en qué invertir el dinero que iba cayendo en sus manos. La lógica de las inversiones según Vallina, no se sostenía; al principio invirtió con mentalidad de mueblero: tiendas, una boutique. Negocios autosuficientes y simples, pequeños retoques, pequeñas ganancias, algo de inversión. Aparecían luego compras de oro, plata y joyas. Luego una compañía de aviación comercial, dos pesqueros, una embotelladora de refrescos. Todo en solitario, sin socios. Los ingresos que producía la creciente red de negocios se reinvertían casi de inmediato. Pronto el mueblero Costa tenía dinero, oro, plata, joyas e inversiones por más de 200 millones de pesos. Había pasado un año y cinco meses.

Algo se aclaraba, el ataque cardíaco se lo produjo manejar todo aquel absurdo miniemporio que iba desde una dulcería en la Zona Rosa, a 15 millones de pesos en centenarios en una caja de seguridad bancaria.

Vallina preguntaba al margen "¿dónde estaban los libros mayores?" Todo tenía que reconstruirse a partir de fragmentos. De actas notariales, notas de compra y venta y papelitos.

Otra nota al final confirmaba que Costa había sido en 77 y 78 un monumental evasor de impuestos.

Bien, era dinero negro. De una persona o un grupo. Captado con irregularidad. Las sumas de que disponía Costa para invertir variaban de 1 a 10 millones de pesos al mes, sin constancias. La elección de la provincia era sintomática: Guadalajara, Monterrey, el noroeste, Puebla, y los dieciocho negocios o empresas que estaban fuera de la capital caían en esa zona, o en esas tres ciudades. La relación entre inversiones, efectivo y valores en metálico o joyas, era equilibrada a tercios. Esto más bien parecía una forma que el mueblero había elegido para cubrirse.

El último dato: Había entradas, pero no había salidas. Los que habían usado a Costa como banquero, no le habían pedido dinero nunca.

El viaje a Cuernavaca fue inútil, pero Héctor había intuido antes de hacerlo que así sería. Tan solo fue para ver el rostro de Alberto Costa, y lo había visto. Durante quince minutos el detective y el menor de los Costa se habían estado mirando sin hablar. Héctor fumó un par de cigarrillos, habló con el médico y abandonó el manicomio. Un taxi y de nuevo el autobús que se comió la carretera para llegar a la ciudad de México. No había quedado nada de esas horas. Ni siquiera conmiseración. Sólo extrañeza, lejanía. Alberto estaba en otro lado y Héctor no tenía argumentos para opinar sobre si ese otro lado era mejor o peor que el mundo que el muchacho de 25 años había abandonado.

Oscurecía cuando llegó a la ciudad de México, tomó un taxi y le dio dos direcciones en falso antes de animarse a pedirle que lo dejara ante un edificio en la colonia Nápoles. Tocó el timbre dos o tres veces y estaba a punto de dedicarse a pensar dónde pasaría la noche, cuando la portera que volvía con una bolsa de pan dulce, le abrió la puerta del edificio, le sonrió y le entregó una nota con todo y recado extra.

—La señorita está en Tequesquitengo, esquiando. Hace como un mes se fue, joven, pero me dejó esto para usted. ¿Usted es Héctor, no? Sí, cómo no, si lo recuerdo, el señor Héctor...

La nota era lacónica: *"Estamos a mano, nadie está cuando lo buscan. Tú me enseñaste eso, güey. Yo."*

Usando el papel por la vuelta, escribió una más lacónica respuesta: *"Ni creas que vine. Yo"* La metió en el sobre y se la encargó a la portera, que nada pendeja adivinaba su desconsuelo.

Pero no era desconsuelo. Era soledad vil y vulgar. Con media sonrisa rondándole, porque así eran los juegos. A veces había a quién llorarle en el hombro y a veces no. Si uno no ponía el hombro, justo era que el hombro deseado desapareciera cuando era necesario.

Sin darse cuenta, se encontró tomando un pesero que lo dejó a media docena de cuadras de su casa y terminó la tarde entrando en su departamento a pesar de las autorrecomendaciones de no cometer ninguna pendejada.

La capa de polvo no era demasiado espesa. No había tanta desolación como había esperado y casi se sintió defraudado. En siete meses, su departamento estaba obligado a volverse una ruina; pero no era así, resultaba evidente que tenía un aspecto más ruinoso cuando él lo habitaba. No había ropa por el suelo, los libros estaban razonablemente en su lugar, el polvo estaba regularmente distribuido y no anárquicamente amontonado como cuando tiraba los ceniceros al caminar medio despierto para abrirle la puerta al lechero o al de la basura. No había discos sin funda tirados, incluso la cama estaba hecha. ¡La mierda! Hacía cuatro años que no había visto su cama hecha.

Sintiéndose un fantasma, caminó hasta el teléfono. Un disco le informaba que estaba suspendido. Era un gesto de amabilidad de la compañía informar al que no pagaba y no sólo a sus amigos, que estaba suspendido el servicio; era un gesto doble además, porque quedaba el recurso de platicar con la voz, si se era suficientemente hábil como para meter las palabras en el lugar preciso:

"*Hola*/Lamentamos informarle/*¿Cómo estás chula, cuanto tiempo sin verte*/talmente suspendido/*suspendido tiene el culo, del espacio exterior chamaca*/(silencio)... Lamentamos/*no, por mí no lo lamentes...*"

Y colgó. La locura no estaba en estas cosas. La locura era más sofisticada. Locura era hacer cena para dos cuando se vive solo.

En esas andaba cuando el timbre de la puerta sonó, y estaba tan contento, que les abrió sonriente a sus posibles asesinos, que aunque tenían la facha, no dispararon sino que se limitaron a devolverle la sonrisa e informarle que un viejo conocido suyo quería verlo.

VI

*No es culpa tuya, no es culpa de nadie. Sólo
es la forma en que las cartas van saliendo*

Doc Holliday en *Ok Corral*, de L. Uris

No había intimidación en los gestos de los dos guar-
daespaldas mientras el coche tomaba el Circuito Interior
y salía luego al laberinto de calles de la San Miguel Cha-
pultepec. Estaban cumpliendo un rutinario trabajo de
mensajero-chofer. Héctor se tranquilizó mientras con el
antebrazo presionaba el lugar donde se encontraba su
pistola. El auto se detuvo frente a un terreno baldío. El
chofer y su acompañante se bajaron del coche y espera-
ron a que Héctor descendiera por la puerta trasera. Lue-
go sin preocuparse si los seguía, cruzaron el baldío bajo
la luz de un poste solitario, hasta el costado de una casa
de donde salía una escalera metálica de caracol que su-
bía directamente a la azotea. La casa tenía dos pisos sobre
la planta baja y al final de la escalera un hombre de unos
cincuenta años y torpes gestos lo registró y le quitó la
pistola ante la impasibilidad de sus dos acompañantes.

—Aquí se la guardo, joven —dijo muy amable, y
tras tirarla en una silla metálica que las lluvias habían

herrumbrado, se desentendió de él. El chofer que lo había traído lo guió por entre las vacías jaulas de tender la ropa y los tanques de gas y al fin empujó una puertecita metálica por la que entraron a la casa. Bajaron por una escalera de madera que se amplió al pasar el primer piso, y en cuyas paredes colgaban reproducciones chafas de Modigliani y Van Gogh, hasta ir a dar a un gran salón en la planta baja cuyos muebles estaban cubiertos con telas blancas; la casa olía a deshabitada. De una puerta de vaivén que parecía dar a una cocina, salió un camarero uniformado que llevaba una charola con platos y vasos. El chofer le señaló uno de los sillones.

—Ahí se puede sentar, ahora lo recibe el licenciado. Héctor se dejó caer sobre la tela que recubría el sillón y esperó.

—Pase ingeniero Belascoarán —dijo la voz de La Rata saliendo de atrás de una puerta corrediza que quedaba a un lado del salón. Héctor se puso en pie y abrió la puerta. En un cuarto casi en penumbra, tras un escritorio metálico lleno de recortes de periódicos, notas de consumo, papeles con membrete del PRI y notas manuscritas en tarjetas, sentado en un sillón de ejecutivo de cuero negro, se encontraba La Rata. Sobre la mesa, curiosamente no había teléfonos.

—Siéntate, mano, por favor —dijo La Rata cuya miopía había crecido desde los recuerdos de Héctor hasta convertir sus lentes en dos gruesos cristales montados en una armadura de plástico negro. Se le habían acentuado los rasgos, la mandíbula colgaba un poco, la nariz se había inclinado hacia adelante, el pelo escaseaba, muy fino y descuidado sobre la cabeza, no tenía bigote ni barba, aunque dejaba que las patillas crecieran un poco más de lo normal. El conjunto daba la impresión de un adulto aniñado y enfermo.

—Ya casi no me acordaba de ti. Porque tú eres de mi generación, ¿no? Fuimos compañeros en la Facultad, ¿verdad?

Héctor asintió.

—Ya lo sabía yo, ese pinche apellido tan raro que tienes mano, no se me podía olvidar. De ninguna manera. Y tú, ¿terminaste verdad?, ¿terminaste la carrera? No, cómo no vas a terminar, si eras de los buenos, maestro, de los buenos. ¡Ah, qué buenos tiempos, esos de la Facultad! Ya llovió, maestro ¿verdad?

Héctor asintió.

—Pues lo mandé a llamar —dijo La Rata mirando hacia otro lado, quizás adivinando la calle que debería estar tras las cortinas corridas—, porque me dije, este Belascoarán ha de ser mi viejo compa, mi... Y digo, no, ¿cómo va a ser? Fácil nos vamos a entender, maestro ¿verdad?

Héctor asintió.

—¡Ah, que los viejos tiempos!... Todo era más fácil ¿no?

Y La Rata se quedó en silencio esperando una respuesta, de Héctor o de la voz interior que seguro le hablaba en las noches y lo regañaba por sus pecados, o lo felicitaba por sus éxitos, o simplemente le daba buenos consejos sobre modales, higiene y hábitos alimenticios. Los hijos de la chingada siempre tienen una voz interior que les echa una manita. Luego volvió a decir:

—Dígale a la muchachita esa para la que trabaja, que el dinero no es suyo. Que el dinero no era del viejo, ni de sus hijos... Que él, ¿cómo dijéramos?, nomás, simplemente lo guardaba, ¿verdad? Mire maestro, usted si es banquero no se queda con el dinero de sus ahorradores, eso es de economía simple, ¿verdad? Ya le dejamos su parte, y hasta más creo. Creo que hasta más le dejamos, pero bueno, que sea el pago por los servicios del banquero, digamos eso, digamos eso, maestro.

—Bueno, ya lo dijimos. ¿Y luego? —dijo Héctor.

—No, pues luego ahí murió todo. Ella se queda con su parte y no mueve lo demás. De eso yo me encargo, ni va a tener que hacer nada. Yo me arreglo con su abogado, sin problemas, sin impuestos, todo tranquilito.

—¿Y los muertos? —dijo Héctor mirando fijamente a La Rata.

—¿Usted qué le preocupa, la lana, o los muertos? Porque en México, maestro, nomás hay de dos: o la lana o mis muertitos que quiero vengar, que tengo que ajustar. Tantos muertos me deben, tantos muertos les hago, y me emparejo. Y ya. Pero usted, ¿qué quiere de los muertos? Eran muertos pinches. Es más, uno de muerte natural... Y además, no son míos, yo no le puedo responder por ellos, pídaselos a quien los hizo.

—¿Y quién los hizo?

—Pues otros, otros que creen que el dinero también es de ellos... Hay gente que piensa que cuando un banco quiebra todos pueden ponerse de luto y jugarle a las viudas ahorradoras... —La Rata se rió—. Las pinches viudas... Mire, ingeniero, usted sálgase de esto. Ni es su lana, ni es su vieja, ni es su banco, ni son sus muertos. Ni son míos. Yo me hago cargo de la lana y deje que ellos se arreglen conmigo, que para eso me pagan los dueños de la lana, para que salga limpiecita de tanto lío, sin manchitas, ¿verdad?

—¿Y a quién le pido cuentas?

—¿En México? A la virgen de Guadalupe, ¿A quién si no? —dijo La Rata. De un bolsillo sacó un pañuelo sucio y se sonó, muy suave, como si fuera a desbaratarse.

—A ver, déjeme repasar para ver si no se me olvida nada —dijo Héctor sonriente—. El señor Costa era el banquero de un montón de dinero sucio perteneciente a alguien que le paga a usted. Digamos el señor X. Bien, el señor Costa muere y el señor X quiere su dinero. Bien. Los hijos del señor Costa mueren y el señor X sigue queriendo su dinero, pero antes de que esto sucediera, el señor Z habría matado a los hijos del señor Costa porque también quería el dinero. Y usted quiere que la viuda del último hijo del señor Costa se vaya de México y deje la lana tranquila, y según esto, usted trabaja para el señor X, pero resulta que los que trabajan para el señor Z también quieren que la viuda se vaya...

—Bueno, ya párele de mamadas, ingeniero. Como fuimos compañeros, lo invité a echarnos una platicada y le pasé un mensaje: usted fuera, ella fuera. Se lleva su lana. Todos tranquilos.

—¿Y los muertos? —dijo Héctor poniéndose de pie.

—¿Cuáles muertos mi buen, cuáles? —respondió La Rata mirando nuevamente hacia las cortinas.

Héctor salió sin que La Rata le dirigiera la mirada. El chofer que estaba leyendo una revista de automovilismo se levantó del sillón para acompañarlo.

—¡Fernando! —gritó la voz aguda de La Rata desde el interior de la oficina.

El chofer se disculpó con Héctor con un gesto y entró al cuarto. Héctor tomó la revista y trató de leer el índice, pero las palabras de La Rata llegaron claras a través de la puerta corrediza abierta.

—Dejan al ingeniero donde él les diga y luego se van a hacer el encargo que les hice. Ya se los expliqué. No se vayan a pasar de tueste. Que parezca un accidente, algo que se le cayó encima cuando cruzaba al lado de un edificio, un coche que le dio un golpe, un asalto para robarle la lana, pero mucho cuidado con matar al novelista pendejo este; nomás quiero que lo saquen de la circulación unos días, una semana, un mes a lo más. No lo vayan a matar... Y sobre todo, que no parezca que van detrás de él, tiene que parecer accidente... Nada de pendejadas, ¿eh?

Héctor se quedó pensando si La Rata había hablado en voz alta para que él lo oyera y confirmara que se encontraba perdonado, absuelto por un poder que podía matar, descagalar, meterse en vidas y estropearlas, un poder que no le respondía a más reglas que a las de la selva en la que se había convertido su ciudad.

El chofer reapareció por la puerta y le sonrió a Héctor.

—Cuando usted quiera, ingeniero.

Hicieron a la inversa el extraño camino por el que habían entrado, le devolvieron su pistola y fueron a dar al automóvil donde el segundo pistolero estaba esperando.

—¿Dónde lo dejamos ingeniero?

—¿Hacia dónde van ustedes? Me puedo quedar en el camino.

—No, para donde usted diga —respondió ceremonioso el chofer.

—Es que todavía no quiero irme a mi casa, tengo mucho en qué pensar y voy a dar un paseo.

—Siempre pasa así cuando se platica con el licenciado, ¿verdad? Tiene muchas cosas que decirle a la gente y perdone que me meta —dijo el chofer destilando sabiduría gangsteril—. Nosotros vamos cerca de donde lo recogimos, de su casa, una colonia más allá. En lugar de en la Roma, en la Condesa.

—Oye tú, y si lo dejamos para mañana, porque no va a salir de la casa ahora —dijo el otro pistolero ignorando a Héctor.

—No, mejor de una vez lo esperamos. Si no sale, ahí nos quedamos.

—Vas jodido, mano, ¿toda la noche? Volvemos a la mañana, no seas güey.

—Perdone ingeniero, ¿entonces? —dijo el chofer. El automóvil entraba por Benjamín Franklin y frenaba apenas en el semáforo de Saltillo antes de acelerar para alcanzar el de Nuevo León.

—Déjeme en la panadería de la esquina, por favor.

El automóvil frenó donde Héctor se lo indicaba, y luego aceleró. Héctor buscó desesperadamente un taxi. Si no pasaban el semáforo de Nuevo León, los podía seguir en un taxi y advertirle a la víctima la que se le venía encima. No tuvo suerte. Entró en la panadería cuando el automóvil había desaparecido de su vista y buscó en su agenda el teléfono del *UnomásUno*.

—Redacción.

—Con Marciano Torres, señorita.

—Déjeme ver, creo que salió.

Un silencio. En la calle los neones brillaban en los charcos creando el aire fantasmagórico que tanto le fastidiaba. La ciudad era fantasmal sin trucos de artificio debidos a las gracias del Departamento del D.F.

—Torreeees.

—Héctor.

—¿Quién?

—Héctor Belascoarán.

—Quihúbole maestro, años sin oírte. Ya creía que te habías ido de este mundo.

—Necesito un favor, mano, uno muy urgente. Necesito saber quién es un novelista que vive en la Condesa y que puede estar en bronca con... en broncas pues, por hacer una investigación o algo así.

—Puta madre, qué cosas pides mano. ¿De dónde saco yo eso? ¿Para qué quieres a un novelista? ¿Le vas a contar tus memorias? Cuéntamelas a mí. Tú eres de nota roja de periódico chafa, no de novela, hijo mío. Ni sé si las pudiera publicar en este diario, porque son medio refinados. Lo tuyo es la nota roja de *La Prensa*... Espera, deja hablar con el García Junco, ese sabe de novelistas...

Héctor masticó el tiempo que estaba corriendo. Quienquiera que fuese, hubiera leído o no una novela de él, debía llegar antes que los pistoleros de La Rata.

—Dice el culto de la redacción, que novelistas en la Condesa, dos, José Emilio Pacheco y el Paco Ignacio, que vive en Etla. Ha de ser el segundo, porque escribe novelas policiacas. Ya te decía yo que eso no es lo tuyo... Es cuate de tu hermano Carlos.

Héctor colgó sin el obligado "gracias mano". El teléfono de Carlos estaba ocupado. Volvió a tratar.

—¿Carlos?

—¿Se me oye voz de hombre?

—¡Marina!

—Esa mera, ¿quién habla? ¡El Héctor! Milagro, milagro. ¿Dónde andabas?

—Luego te cuento. ¿Está Carlos?

—Está dormido. Pero ahorita mismo lo despierto. Ahora duerme siestas de siete a nueve ¿Qué, si una se equivocó se lo cambian por otro?

—No hay mucho para cambiar, estoy yo y soy peor.

—No, entonces no dije nada. Espera ¿eh?

La voz de Carlos emergió ruinosa del teléfono.

—Hermanito, ¿para qué soy bueno?

VII

*Yo creía que la gente sólo pensaba
en esas cosas en las novelas*

Nazim Hikmet

—¿Tú eres el hermano de Carlos? Pasa, mano —dijo el escritor tendiéndole la mano a Héctor y rompiendo el apretón casi de inmediato como si otra cosa le hubiera cruzado la cabeza.

Debía tener la misma edad del detective, aunque se parecían poco. El escritor pesaba 78 kilos y le fastidiaba bastante que lo llamaran gordo, quizá porque no acababa de serlo. Midiendo menos de 1.70, con una buena mata de pelo que tendía a caerle sobre un ojo y que constantemente se quitaba de la frente; lentes dorados encima de una nariz larga que a su vez se apoyaba en un bigote poblado pero sin disciplina. Cuando abrió la puerta, tenía un vaso de cocacola en la mano y un cigarrillo en la otra que tuvo que ponerse en la boca para saludar. Vaso y cigarrillo rondaban eternamente a su alrededor como si fueran una extensión de sus manos, y así habría de recordarlo siempre Héctor. Eso, y una mirada huidiza, que se escapaba como siguiendo más que el rostro de su interlocutor, el hilo de sus propias palabras.

—Siéntate por favor —dijo entrando a una sala llena de libreros y quitando un suéter viejo y papeles de un sillón blanco—. Carlos me dijo que tenías que contarme algo "muy importante". Así dijo, y si no me equivoco, será, porque Carlos no es dado a las solemnidades.

Héctor tomó aliento y contó la historia. Trató de usar las exactas palabras de La Rata.

Cuando terminó, el escritor le tendió su cajetilla de delicados con filtro y empujó un vaso vacío de dudosa limpieza hacia él, para que sirviera coca de la botella familiar.

—Ya me chingaron —dijo.

—No es para tanto. Estás advertido y yo los conozco. Hasta que te vayas de aquí por un tiempo, yo te puedo cubrir. Además, La Rata fue bastante claro, les dijo a sus guaruras que no quería que te hicieran mucho daño, nomás que te sacaran de la circulación por un mes, o así. Si te sacas tú solo, con eso...

—Pinche consuelo. Ya me chingaron. Ya saben en qué ando y ya no me van a dejar seguir más allá. Si corro, ya valí, y si no corro ya me valieron.

—Si en esas andamos, ya valimos los dos, porque yo también quedé al descubierto —dijo el detective sonriendo. Su mirada pasaba por los libreros tratando de adivinar el orden, los temas, la errática manera de organizarlos que los había dispuesto así.

—Pero tú no tienes una hija de seis años.

Héctor lo miró. El escritor hundió la cabeza en un cenicero atascado de colillas.

—¿Toda tuya? ¿Y la madre?

—En Lisboa, la pendeja. Tú no escribes, ¿verdad? No, tú eres del estilo protagonista, no del estilo autor... Resulta que aquí, tu pendejo, se le ocurrió un día enamorarse de la esposa del embajador de Filipinas y zas, que tienen una hija. Y la señora embajadora, que tuvo su hija a escondidas, me dejó la niña y se fue con su marido, que había sido transferido por cornudo a Lisboa, y todos tan contentos.

—¿Aquí está la niña? ¿Se puede ver? —preguntó Héctor.

—No faltaba más —dijo el escritor y con el vaso en una mano y el cigarrillo en la otra, condujo a Héctor por un pasillo laberíntico también cubierto por libreros, hasta un cuarto blanco donde en una cama dormía una niña enfundada en un camisón de ositos.

—Es una belleza, ¿no?

—¿Cómo se llama? —preguntó Héctor contemplando a la niña de suaves rasgos asiáticos que dormía chupándose un dedo.

—Flor de Perlas, como un personaje de Salgari que era jefe de guerrilleros en las Filipinas. Ahí se la peló su mamá. Así quería yo y así se quedó. Pero le puedes decir "la araña", aquí, en familia.

Héctor y el escritor recorrieron la casa en camino inverso. Al llegar al cuarto, el escritor se dirigió al tocadiscos, dudó y se regresó a sentarse en su silla, de espaldas a la mesa de trabajo atascada de fólders, fotos, libros, papeles, plumones de colores...

—¿De qué año eres tú?

—Yo del 49, ¿y tú?

—Igual, yo de febrero...

—No, yo de enero, del 11... Entonces soy un mes mayor que tú —le dijo el escritor al detective—. Ya te chingaste, desde ahora me hablas de usted.

—¿Y usted en qué andaba metido para que La Rata le echara a sus perros?

—Dando y dando. Yo le cuento mi historia, usted me cuenta la suya.

—Un refresco, ¿no?... Pero le advierto que mi historia es bastante zonza, no le va a servir para novela. Nació con la trama vendida.

El escritor desapareció del cuarto para buscar otro refresco. La mirada de Héctor vagó por la habitación. A un lado de la mesa un letrero: "Nunca te cases con una mujer que deja los plumones destapados", las portadas de tres novelas policiacas enmarcadas, una foto de la huelga de Spicer. En el librero al alcance de su mano, todo Mailer, Walrauff, Dos Passos. John Reed, Carleton Beals, Rodolfo Walsh, Thorndyke, Thompson. Algunos nombres hacían eco, otros eran un misterio. Se prometió adentrarse por ahí en cuanto tuviera tiempo.

—Sale una coca. Viene una historia.

—Un tal señor Costa, que tiene tres hijos y es mueblero, se muere un día... —inició Belascoarán con la sensación de que estaba reeditando caperucita roja.

A lo largo de la narración, el escritor permaneció inmóvil y en silencio, forzándose en no interrumpir a Héctor. Encendió dos cigarrillos uno con otro y de vez en cuando se rascó la cabeza. El detective trató de contar su historia con precisión, pero una parte de su cabeza revoloteaba estudiando al escritor. Era evidente la necesidad que su tensión expresaba, de meter baza en la historia que le estaban contando, a pesar de que se contenía y mantenía en su lugar, con una serie de gestos y pequeños actos.

—Y eso fue todo lo que pasó.

—No, pues la tienes clarísima. Como tú dices es dinero negro, pero ve tú a saber quién está detrás. A lo mejor La Rata tiene razón y es más de uno, el que él representa y los otros, los que violan y matan. ¿Y qué vas a hacer?

—Tengo que hablar con Anita y contárselo en orden.

—Pinche país, no tiene nombre esto. Estamos encuerados los ciudadanos de a pie. No hay por dónde.

—¿Y tú?

—No, lo mío es parecido, nomás que soy un pendejo. Empecé por una historia terrible: catorce muertos aparecidos en un colector del canal del desagüe. Forrados de tiros, en ropa interior, torturados. No uno, ni dos, catorce. Los periódicos decían mamada tras mamada. Luego que las etiquetas de la ropa interior daban una clave: calzoncillos venezolanos tenía uno. Entonces empecé a seguir la historia en la prensa. ¿Por qué, si bastantes líos tiene uno por otros lados? Pues porque la curiosidad es cabrona, porque no se acaba de creer que esto es de verdad aunque se lo diga uno en voz alta todos los días. En lugar del padre nuestro, los ateos del D.F. amanecemos con la retahíla de: sálvame mano de esta pinche cloaca en que me metiste, protégeme de la bola de ojetes que quieren acabar con nosotros, sálvame de la ley y sus guardianes.

—No te lo acabas de creer, por más que lo lees y te lo cuentes y cuando tienes mala suerte, lo ves y lo vives... Luego apareció la mamá de uno de los catorce, una señora humilde, que podía ser la que vende tacos de canasta de acá a la vuelta. Que su hijo era taxista, que él no tenía nada que ver con los otros trece, que él estaba trabajando, ¿y para quién trabajaba? Para unos muchachos bien simpáticos que le habían alquilado el taxi por horas. ¿Extranjeros? Pues como veracruzanos, pero no eran de México. Entonces una declaración de la policía del D.F. me movió el piso. Decían que podía tratarse de un ajuste de cuentas de guerrilleros sudamericanos: salvadoreños, colombianos, en México. Me dije: date, una cortina de humo, una cortina de mierda, de smog. Fueron ellos, fue la tira. Lo terrible de la historia es que los muertos no pertenecían a nadie, no eran de nadie, no tenían nombre. Revisé todas las notas de prensa y me dije en voz alta: Éste, éste es. El subjefe de la judicial que aparecía declarando mamadas un día sí y otro no. Este es el que los asesinó. ¿No? Y es cosa de verlo en las fotos. Ese tipo mató a su madre a biberonazos. Se le caen pedazos de piel de pura mierda. El comandante Saavedra: Anillo de rubí en el dedo índice y de esmeralda en el corazón.

—¿Y eso cómo lo sabes?

—Por las fotos en colores del *Por Esto*. Una mirada de desprecio en general por el género humano, y en particular por el mexicano que tiene más cerca. Ese era. Me faltaba el motivo, pero no era muy difícil. Colombianos, droga, cocaína, una red para pasarla a Estados Unidos desde México. El tipo éste les cayó, los mató y se quedó con el botín. ¿Qué sería? Dos, diez millones, veinte millones. Los contactos para convertir la droga en dólares le habrían de sobrar. La judicial pone las redes, más claro ni el agua. Ya tenía todo, nomás necesitaba armar la novela. Contarlo. Pero no, en lugar de eso quería saber más, confirmar, ver caras, lugares y como estoy de vacaciones en la universidad, fui y hablé con la mamá del taxista, fui y busqué en los hoteles de cuarta de la ciudad y luego en los de tercera, y luego en los de segunda, y encontré el hotel. Fui y encontré a dos putas amigas de los colombianos. Fui a ver a un cuate de Relaciones Exteriores a buscar colombianos que hubieran entrado a México un mes antes del asesinato. Y los encontré. Fui a la embajada de Colombia y me pasé diez días leyendo la nota roja de allá, puta, es como la de aquí. Y ahí estaban dos de ellos. Fui y encontré un coche rentado, que un judicial había devuelto una semana después del asesinato con una disculpa pendeja, ya en ésas, encontré un mesero que había visto al subjefe de la judicial platicando con dos de los colombianos en un restaurant por la salida a Toluca. Como ves, demasiado fácil. Y en esas estaba cuando llegas tú y me dices que o me meto en el culo todo o me componen la de pensar.

—¿La Rata?

—No había aparecido ese señor. Sé tanto como tú de él. Es recadero. Irregular. Como los de Baker Street. Trabaja por fuera para los de dentro.

—¿Y la novela?

—¿Cuál novela? A estas alturas, ya me había olvidado de ella.

El escritor se quedó mirando la noche por la ventana.

—¿No le dan ganas de huir de aquí? De pirarse... Antes de esta loquera, había estado escribiendo un artículo sobre un cuate mío y dos amigos de él, que se quemaron gacho en la fábrica en la que trabajaban, y entonces la raza hizo una huelga por guantes y equipo de seguridad y los corrieron a todos. ¿No es lo mismo?

Héctor asintió. Durante un buen rato fumaron en silencio, regresando cada uno de la historia ajena y metiéndose en la propia.

—¿Por qué no se va?

—¿Por qué no se va usted?

—Yo porque soy un necio. Además, la violencia me desconcierta, me saca de quicio, pero no me paraliza —dijo Héctor sorprendiéndose de sus palabras.

—No, a mí sí me paraliza. Todo menos el culo.

Me da chorrillo —dijo el escritor muy orgulloso de su confesión—. Soy un mexicano con miedo.

—No, miedo tenemos todos.

—Yo bastante... ¿Estarán ahí?

—Por ahí deben estar, un datsun negro con placas del estado de México.

El novelista siguió mirando por la ventana.

—Me gusta esta calle. En las mañanas, hasta pajaritos hay... Ahí está el datsun.

—¿Quiere que vayamos a echarles una platicada? —dijo Héctor.

—¿Cómo?

—Usted venga, ya verá. ¿Tiene gasolina?

—Qué, ¿me vio cara de estación de Pemex?

—Algo que arda.

—Puta madre, líquido de encendedores, y eso un bote medio vacío. ¿Qué va a hacer?

—¿Cómo decía Kalimán? En los programas de radio...

—"Serenidad y paciencia, Solín". Yo debería decir esas cosas, detective. Ya me chingó.

—Deje la luz de aquí arriba encendida, mientras no la apague no se van a preocupar. Tampoco se fijan en los que entran. Yo pasé tranquilo con una señora y sus niños.

—Son los del tres.

—Pero si se fijan en los que salen, con todo y la luz, a lo mejor si ven abrirse la puerta de abajo, echan una miradita. ¿Dónde está el coche?

—Adelantito de la puerta, en la banqueta de enfrente. Como diez o quince metros adelante.

—¿Hay alguna forma de salir que no sea por la puerta del edificio?

—No. Espera. Cómo chingaos que no. Por la ventana del Elías que da a Benjamín Hill.

Belascoarán y el escritor se escurrieron por la ventana del sorprendido vecino, y se quedaron inmóviles un instante, acuclillados bajo la ventana.

—Cuando los tenga fuera, se acerca. Usted espere aquí —dijo Héctor, y se escurrió entre los automóviles estacionados. La calle estaba muy oscura. Un par de faroles en las esquinas, y la luz de algunas ventanas encendidas, de manera que le resultó fácil hacerse sombra entre las sombras y reptar hasta la parte trasera del datsun. "¿Dónde tienen el motor los datsun, adelante o atrás?" se preguntó, no fuera a armar una explosión marca diablo a lo pendejo. "Adelante", decidió, y sin que los adormilados pistoleros lo vieran, regó el líquido de encendedor sobre la parte trasera del automóvil, más por el método de apretar el bote de metal y dirigir el chorrito que por el de vaciarlo, que lo hubiera hecho mucho más visible a los ojos de los perseguidores del escritor. Luego sacó su encendedor y lo pegó al lugar donde pensaba que había dejado una estela del líquido. El flamazo poco más lo deja ciego para siempre. Medio asustado, se dejó caer de espaldas sacando la pistola.

Pero si Héctor se había espantado, los dos individuos en el interior del coche saltaron como personajes de Plaza Sésamo. El flamazo del líquido de encendedor, aunque sólo estaba sobre la cajuela del automóvil, levantaba unas llamas brillantes e intensas.

—Sóplenle a ver si se apaga —dijo el detective mostrándoles el negro agujero del cañón de la pistola a los dos personajes.

—Caray, ingeniero, yo pensé que usted era una persona fina —dijo el chofer que tenía estilo.

—Este hijo de la chingada nos va a dejar sin carro —dijo su acompañante.

Era un fuego bonito, con movimiento, porque el líquido ardiendo descendía por los costados del automóvil.

—Las pistolas en el suelo, y sóplenle, no es mamada —dijo Héctor pero no hicieron caso.

—¡Puta, qué buen incendio hizo, detective! —dijo el escritor aproximándose mientras de reojo observaba a los dos guaruras dejar sus pistolas en el suelo, sosteniéndolas delicadamente, con dos dedos, como si estuvieran embarradas de caca.

Tal como había surgido, el fuego se fue. Algunos vecinos que estaban asomados a sus ventanas, aplaudieron.

—Miren señores, este es el escritor que andaban buscando, y él ya los conoce a ustedes, y él ya sabe quién les da las órdenes a ustedes; de manera que el asunto ya se fregó. O sea que vayan y díganle a La Rata que mejor ahí muere —dijo Héctor.

Una llanta comenzó a desinflarse produciendo un pequeño silbido. La pintura del automóvil se había ampollado y botado en varias partes.

—Al licenciado no le va a gustar nada.

—Ni modo, amigo, así es la vida —dijo Héctor, y tomando las dos pistolas del suelo, entregó una al escritor y se echó a caminar hacia el edificio de departamentos.

—¿Qué tal me salió? —preguntó Héctor.

—No tan bien como en las novelas, pero bastante a toda madre, yo diría. El flamazo, ese sí que estuvo bien. Voy a comprarme dos cajas de líquido de encendedores.

—Cómpreme una a mí también —dijo Héctor sonriente.

VIII

*Tengo treinta años de edad, mi cabello
encanece. No estoy cansado*

Ernest Toller

Al entrar por quinto día en la historia de la destrucción
de la familia Costa, Héctor se encontró desconcertado.
Casi totalmente inútil. ¿Qué seguía? Tenía a Anita bajo
cubierto en un hospital. Había entrado de nuevo en re-
lación con la ciudad, cautelosamente. Había reparado
su tocadiscos después de regresar a la casa. Pasó a tra-
vés de una noche negra y estaba en punto muerto.

Se había despertado cubierto de sudor, con las
sábanas enrolladas en torno al cuerpo como si se tratara
de una momia; los músculos del brazo izquierdo tensos
y rígidos, la mandíbula apretada, la respiración irregu-
lar. Otra vez había vuelto a la ciudad de sus mejores pe-
sadillas y de nuevo le costaba abandonar el sueño; un
sueño espeso que se aferraba a él para llevarlo al fondo
del infierno público y privado de Héctor Belascoarán
Shayne.

En la cocina encontró refrescos embotellados. Abrió uno y cuidando que el pantalón del pijama mal abrochado no se cayera, volvió a la cama, a reconstruir mientras fumaba, la conversación con La Rata. Media hora después, llamó por teléfono a su nuevo amigo el escritor.

—¿Todo bien?

—Como decía el que estaba cayendo de un edificio de treinta pisos al llegar al catorce: *por ahora, a toda madre...* Salí a comprar comida, y estoy jugando gatos con mi hija. Todavía no me decido qué voy a hacer.

—Pues andamos igual.

—Su amiga la del hospital, ¿cómo está?

—Al rato iré a verla.

—Yo creo que me voy a dedicar a escribir un rato y luego a preparar una comida regia.

—Sale pues. Por cierto, estaba bueno el libro de Mailer.

—¿Verdad? Te dije.

Se metió al centro del D.F. como buceador de pasados y repitió rutinas de interrogatorio en las tres mueblerías Costa. Estaba buscando una relación entre el dueño y *alguien*, anterior a agosto de 1977, quizás una vieja conexión, que en algún momento había pasado de ser una relación amistosa o de negocios, a un convenio que convertiría a Costa en banquero de alguien que no podía usar los servicios del Banco de México o el de Comercio. No era el hampa, porque el hampa tenía sus propios sistemas. Era alguien del gobierno, del poder, alguien que repentinamente había comenzado a tener una cantidad enorme de billetes a mano y que no contaba con la suficiente fuerza para moverlo, guardarlo. Alguien que tenía que enterrar su dinero bien enterrado para que sus jefes, compañeros, superiores, observadores públicos, no lo vieran. Alguien que podía pasar un rato con un mueblero en el centro de la ciudad y dejarle un paquete con billetes.

Ese era el primer objetivo, el segundo era un libro de contabilidad, que según las informaciones de Vallina, podía ser una libreta de diez centímetros de alto o tres tomos de tamaño enciclopedia, en donde se registraba de dónde venía la plata. Si bien tenía esperanzas de pescar algo en el primer asunto, no tenía ninguna esperanza en el segundo. El libro debería haber desaparecido de la casa de Costa el día del asesinato de su hijo. Probablemente el libro, más que el hijo, había sido el motivo de la visita de los asesinos.

Por falta de tenacidad o de voluntad, no habría de quedar. Héctor habló con tres encargados de mueblería, siete vendedores, un mozo, tres choferes, y al final, por más que intentó buscar algo que le hubiera quedado entre las manos, las descubrió tan vacías como siempre. Hombre positivo, Héctor se dijo que ahora sabía más que antes del negocio de las mueblerías, y salió del centro de la ciudad.

—Se me ocurrió una idea en el metro. Y vengo prendado de ella como de beso de quinceañera. Más te vale enana que me puedas dar algo, porque no encuentro por dónde.

Anita lo contempló divertida. El Horrores se había preocupado de poner flores en la mesita de noche. Y El Ángel había conseguido una guitarra y punteaba el círculo de do, para acompañar boleros que cantaba muy suave, con voz excesivamente ronca. Héctor pidió a los luchadores que los dejaran solos un instante y luego se lanzó con una inconexa retahíla.

—No podía ser una relación accidental, tampoco una relación comercial. Nadie suelta millones así como así, por mucha confianza que tenga; además millones negros, sin recibos. Tenía que ser algo más sólido que una amistad. O bueno, una amistad muy fuerte, muy amarrada, con algo más que favores y una copa de vez en cuando. Un parentesco. Un compadre, un hermano. Algo así... Piensa, ¿qué parientes cercanos tenía tu suegro?

—No tenía hermanos. Yo no le conocí a ningún primo o así. Era viudo desde hacía un montón de años. Amigos, lo que se dice amigos, yo no le conocí, pero la verdad es que tampoco es muy buena mi información. No me gustaba el señor, no me gustaba su casa. Luis y yo no pasábamos mucho tiempo allí. Un cumpleaños, una cena de navidad. Nada.

—¿Quién asistía a esa cena de navidad?

—Nadie, los hermanos, la sirvienta, yo, el padre. Nadie más.

—¿Regalos? Anita, piensa bien. ¿Llegaban regalos?

—Sí, había canastas grandes, supongo que de proveedores o de clientes. Nada personal que yo recuerde.

—Chingada madre, de algún lado tuvo que salir —dijo Héctor.

—¿Qué has averiguado? —preguntó Anita.

—Bien poca cosa. Que a partir de agosto del 76 comenzó a actuar como banquero subterráneo de una persona o de un grupo; que parece que hay dos grupos diferentes detrás de la lana, el de La Rata y otro. Por lo menos esa es la versión de La Rata.

—¿Hablaste con él?

—Hablé con él. Dice que tomes tus cinco millones y te vayas, que dejemos todo tranquilo, que el dinero no es tuyo.

—¿Y Luis?

—Eso le pregunté. Dijo que los muertos muertos están.

—¿No podríamos ir a la policía, a los periódicos? Un escándalo.

—A la policía no sé para qué. Según una encuesta de la agencia ANSA que hizo el negro Guzmán el 76% de los crímenes mayores de esta ciudad tienen origen policiaco. La Rata está asociado con el subjefe de la judicial, un tal comandante Saavedra. Y quién sabe con cuántos más. Ve tú a saber si no eran policías los que te atacaron. Los periódicos, así, sin saber más, no le veo el caso, y quién sabe si se animen a publicar algo.

—¿Qué no se puede hacer nada en México? —dijo Anita. No era mala la pregunta. Héctor dudó antes de responder.

—Puedo presionar, seguir.

—¿Quieres?

—Si tú te vas y abandonas la cosa, supongo que yo la seguiría —dijo el detective—. Por terquedad. Uno ya no juega a ganar, juega a sobrevivir y a seguir chingando.

Sobre dos almohadones, Anita suspiró. La cicatriz en el mentón comenzaba a suavizarse.

—¿Y que tal la compañía?

—Son encantadores, dulces, amables. Parece mentira con esas fachas.

—Son un par de excelentes personas. Y además honestos, nunca ganaron una pelea que no hubieran pactado primero con el contrario que les tocaba. Si la lucha fuera seria, hubieran sido dos grandes luchadores.

—Me siento de regreso a la infancia con ellos aquí. "Señorita, ¿Un cafecito? ¿Quiere que le acomode la almohada? ¿Le apagamos la tele?". Luego son lo más propio del mundo. Se meten al baño por turno y salen con unos pijamas morados, verdes, geniales, como una talla o dos más chicos, de brincacharcos. Les cuelgan los pies de las camitas que les pusieron. No, de deveras un número. Los médicos están sacadísimos de onda, no se atreven a subirme la voz.

—¿Y cuándo sales?

—Si quiero, mañana. Aunque voy a tener que estar en reposo una semana más. ¿Has visto a Elisa? Pasó por aquí ayer y preguntó por ti. Me pidió que te dijera que como no la llamaras te iba a sacar el ojo bueno.

—Hoy la busco, sin falta —dijo Héctor y encendiendo el cigarrillo se despidió con un gesto—. Adiós enanita.

—Nos vemos detective.

Estaba en la puerta del hospital pensando a dónde podría ir cuando El Horrores lo alcanzó jadeando.

—Jefe Belas, dice la señorita que si el apellido que le dijo era Saavedra...

—Saavedra, eso es.

—Que suba en chinga.

Ana estaba de pie, con la bata puesta cuando Héctor y El Horrores entraron al cuarto.

—Perdón, ya no lo vuelvo a hacer. Es que tengo la cabeza medio estropeada, ha de ser de los madrazos. Luis se llama... Se apellidaba Costa Saavedra. Es el apellido de su madre. Su mamá tenía un hermano, yo nunca lo conocí, ni frecuentaba la casa, o ve a saber si la frecuentaba, pero nunca lo vi. Me acordé por el apellido. Qué zonza soy.

Comió con Elisa en un restaurant chino en Insurgentes y Hamburgo para que le entregara las llaves de la casa de los Costa en Polanco. Ella lo regañó por no haberse aparecido y le sacó con tirabuzón un resumen de la historia bastante parco. Héctor, que de por sí era un mal narrador, tenía la cabeza dividida entre lo que quería encontrar en Polanco y la carne de res con salsa de abulón.

—¿Y el escritor cómo quedó?

—Bien, gracias. Lo dejé muy contento en su casa anoche.

—Yo leí dos libros de él. Una novela policíaca y un libro de reportaje sobre una huelga de mujeres en Monterrey.

—¿Y qué tal?

—Bien. No creo que gane el Nóbel, pero a mí me gusta —dijo Elisa sonriendo. ¿Le debía algo? Ella lo había metido en la historia. Lo había sacado de las palmeras y lo había traído al D.F. ¿Tenía que agradecérselo?

—¿Cómo ves a Anita? Tú la conoces mejor que yo —dijo Héctor para romper el hilo de sus pensamientos.

—Reponiéndose. Los dos cuates que le pusiste al lado son algo grande.

—Son mis amigos. ¿Se ven bien, no?

—¿Y son de a deveras o sólo el cascarón?

—¿Quieres saber si pegan de verdad o nomás apantallan?

—Ajá.

—Mejor que no se le acerque nadie a Anita. Una vez jugando, El Horrores me dio un manotazo y me rompió una costilla.

—Yo los trato muy ceremoniosa, de usted. Como que imponen respeto.

—No faltaba más. ¿Por qué no les pides un autógrafo? Eso les encantaría a ellos y tú tendrías el primero de un álbum... Aparte de la lana, El Ángel y El Horrores la deben estar pasando bien. Cuando me iba, El Ángel me dijo que Anita estaba bien, que no me preocupara. Esa Anita, despierta instintos paternales hasta en un luchador de lucha libre.

—En todos menos en los que la violaron y casi la matan —dijo Elisa.

Se bajó del camión frente al Sanatorio Español y compró la segunda edición de las *Últimas Noticias*, ojeó los titulares (otro campo petrolero en el Golfo de México; habían roto la huelga del Monte de Piedad), y se la metió en el bolsillo. Caminó un par de cuadras hacia el interior de Polanco por Lamartine. Amenazaba lluvia de nuevo. La casa estaba clavada entre dos edificios. Un caserón con un minúsculo jardín al frente, garaje al aire libre y hasta dos columpios herrumbrados al fondo, restos de la infancia de los tres hermanos hacía 15 ó 20 años. Probó las llaves y triunfó a la primera. Recorrió los cuartos buscando el salón del asesinato y lo encontró en seguida. La mancha seguía en la alfombra. Luego buscó la recámara del padre. Acertó a la tercera, después de pasar por un cuarto donde había posters de playboy y un baño con tina romana. Tenía que ser la que tenía enfrente. Una cama con patitas de madera torneada que sin duda había salido de la mueblería Costa original. Se acercó a una vieja cómoda y atacó los cajones. Pronto encontró una caja de madera llena de papeles viejos y fotos. Arrojó el contenido sobre la cama y comenzó a revisarlas una por una hasta que encontró las que buscaba. Una serie de fotos de una boda de los años cincuenta. La mujer de blanco, el mueblero de gris perla. Y a la derecha de los novios, un muchacho de veinte años repeinado, con el traje flamante; ése o el hombre de menos de treinta, el rostro más seco y torvo que apare-

cía en varias fotos; ésos o el hombre de lentes que son-
reía en casi todas, abrazando a la novia, palmeando al
novio. Se metió las fotos en el bolsillo y salió a la calle.
Había empezado a llover. Polanco quedaba en poder de
los automóviles, las banquetas estaban vacías.

En el camión de regreso, sacó de nuevo el pe-
riódico. Y allí, en la página tres, una foto de La Rata,
con la cabeza hundida en su escritorio. Bajo un titular
que decía "Arturo Melgar aparece asesinado en su ofi-
cina", se ofrecía una breve información sobre los he-
chos públicos de La Rata y se narraba que la señora
que hacía la limpieza de las oficinas de Servicios Con-
sultores Nacionales, lo había encontrado a primera
hora de la mañana con un tiro en la frente, disparado
a bocajarro. ¿Cómo había sorteado el extraño sistema
de seguridad que implicaba subidas y bajadas de es-
calera? Lo habían asesinado en la noche, horas des-
pués de la conversación con Héctor. Pobre Ratita. Cre-
yó que el sistema era suyo, y entonces vino el sistema
y le desparramó los sesos sobre la pared. Después de
todo los hombres del señor Z sí existían. ¿Qué había
dicho La Rata? "Los muertos, ¿cuáles muertos?", bue-
no ahora él era uno de ellos.

—Vea esas seis fotos y dígame si conoce a alguien —di-
jo Héctor a bocajarro.

—Hombre, deja ponerles ¿cuántos años más a
los que salen en las fotos?: ¿quince o veinte? —respon-
dió el escritor.

—Veinticinco —dijo el detective.

—Presta las fotos, papi —dijo su hija.

—Toma, Flor, pero no las desmadres que son del
señor, que es detective.

—¿Es tira?

—No, detective demócrata.

—¿Como en la tele?

—Será en la de Albania, hija mía. Tráete dos cocas, anda... Éste, éste de aquí, con 20-25 años más es Saavedra. Carajo, casi ni lo reconozco porque aquí era un adolescente, un chavo de 18-20 años, y ahora es un cuate de 45, medio calvo, con papada, la boca caída. Mira tú, para que te convenzas —dijo el escritor y tomó de un librero cuatro o cinco revistas, las ojeó hasta encontrar un *Por Esto*, donde Saavedra aparecía a colores en la portada.

Héctor comparó las fotografías. Era el mismo. O era otro bastante diferente, bastante maltrecho por la vida, bastante peor.

—¿Quiénes son los de estas fotos, detective?

—Son las fotos de la boda del mueblero Costa con la señorita Saavedra, hace veinticinco años.

—Ándale pues. Ahí está el plan.

El escritor se llevó la mano a los lentes volviéndolos a su sitio, luego se dirigió a la máquina de escribir, se sentó y tecleó enfurecido media docena de palabras.

—Perdón, pero me agarró a mitad de maquinada.

Héctor contemplaba a la niña que venía de la cocina balanceando peligrosamente una cocacola familiar y tres vasos, uno grande de plástico rojo.

—Se te van a caer —dijo Héctor.

—No, ni madres, ya está entrenada —contestó su padre.

—Ya estoy entrenada —dijo mirando al detective que salía en la televisión de Albania.

—Tengo más noticias —dijo Héctor y le extendió el ejemplar empapado de *Últimas Noticias*—. ¿Puedo pasar al baño?

—Llévalo, Flor, no vaya a ser que se pierda.

Héctor siguió a la niña que danzó por el pasillo.

—Yo voy a ser de gimnasia olímpica —le dijo abriéndole la puerta del baño.

—Yo también, pero hasta el año que viene, porque en éste no admiten tuertos —contestó Belascoarán mientras buscaba una toalla para secarse la cabeza y el cuello de la camisa por donde las goteras habían hecho estragos.

Cuando regresó al despacho del escritor, éste cerraba el periódico. Caminó hasta una mesa baja, rodeada de dos sillones y sirvió cocacola en los tres vasos.

—Yo estaba pensando en hacer mis maletas y largarme a escribir mi novela en Australia. ¿Ahora qué hago? ¿Me pongo contento o me preocupo de a deveras?

—No sé, supongo que puedes irte a Australia a escribir, porque La Rata no tomaba decisiones, o no tomaba más que algunas decisiones. Los asuntos grandes le caían de arriba. Además si te vas a meter con el subjefe de la judicial, ya sabes a lo que le tiras.

—¿Y quién se lo echó?

—Vete tú a saber. A lo mejor los dueños del dinero de los Costa, que no son los dueños. Hay mucha lana flotando ahí y si se empiezan a pelear por ella va a haber más de un muerto.

—¿Y usted qué tiene ahora? Un triángulo que conecta a La Rata difunto, con mi comandante Saavedra, con la familia Costa. Se me hace que su novela está mejor que la mía.

—No, tengo algo mejor. Tengo una relación entre un hombre que podía tener los billetes y el otro al que tenía que tenerle suficiente confianza como para entregárselos. Tengo lo que estaba buscando: ¿Por qué Costa? ¿Por qué a un pinche mueblero? ¡Son cuñados!

Eran cuñados, por favor.

—¿Y ahora qué sigue?

—¿De quién era el dinero? ¿De qué era el dinero? ¿Quién mató a los hijos de Costa?

—¿Por qué no se lo preguntas a Saavedra?

—¿Por qué no se lo preguntas tú de mi parte?

—Se me hace que con tantito que nos apendejemos, nos van a matar a los dos —dijo el escritor.

Sentados ante la mesa colocada contra la ventana, ambos se dedicaron a ver la lluvia.

—Este país mata, Héctor —le dijo el escritor mientras se sobaba el puente de la nariz por enésima vez—. Mata de muchas maneras. Mata por corrupción, por aburrimiento, por ojete, por hambre, por desempleo, por frío, por bala, por madriza. No tengo inconveniente en echarme un trompo contra el sistema. Pero no así, no de Shane al desconocido, no de western. No solito, chingá. Llevo peleando los últimos trece años. Estuve en el movimiento del 68, pasé por un partido de izquierda, me metí al sindicalismo, trabajé con obreros industriales, organicé sindicatos, hice revistas, folletos, renuncié a un montón de empleos, no me dediqué a hacer billetes, nunca trabajé para el PRI, no debo nada, o casi nada, cuando la cagué no maté a nadie; si jodí fue por irresponsable, y no por corrupto o cabrón. Nunca acepté dinero por no hacer lo que creía, trabajé en muchas pendejadas, pero siempre lo hice lo mejor que sabía y podía. No me quiero morir así. A lo mejor no me quiero morir de ninguna manera. A lo mejor a la hora de la verdad me quiebro como cualquier otro pendejo hijo de vecino. No me quiero rendir a lo güey, Héctor, pero tampoco estoy dispuesto a echarme una guerra en solitario. ¿Quién soy yo, Jane Fonda o qué pedo? Esas guerras ni se ganan ni se pelean. El escritor estrella y su máquina de escribir contra el subjefe de la judicial y pinchemil guaruras todos con pistolas, rifles, metras, cañones, bazukas y sacamierdas. ¿Qué rollo? Si el de la tintorería de aquí abajo me dice que corrieron a su hijo de una chamba y no le quieren pagar la liquidación como es de ley, me cae que me meto a echar una mano, si puedo escribir la verdad y encuentro quién la publique, la escribo. Carajo, pero esto.

Siguieron viendo llover, fumando y bebiendo refresco como diabéticos en pacto suicida.

—Mira, pinche Paco —dijo Héctor apagando su último delicado en el cenicero de latón—. No, yo detective, yo pura madre. Yo lo único que pasa es que no sé escribir novelas, entonces me meto en las de otros. Yo solito contra el sistema, ya vas. Llevo cinco años cultivando el estilo, porque lo que es la puntería, con la .38 a diez metros se me pela un elefante. Estoy tuerto, cuando llueve cojeo, ayer me di cuenta de que ya tenía canas, estoy más solo que perro esquinero, si no fuera por mis hermanos, no tendría a nadie a quién llorarle. No lloro nunca. Me emputa tanto como a ti, me reencabrona cómo se van consumiendo el país y lo van haciendo mierda. Soy tan mexicano como cualquiera. Ha de ser por eso que ya no creo en nada más que en supervivir y seguir chingando. A mí el 68 se me pasó entre los ojos y cuando me di cuenta, ya estaban los tanques en la universidad. Leí al Ché a los treinta, y eso porque una vez me quedé encerrado en una casa donde no había otra cosa que leer. Estudié ingeniería para hacer puentes, catedrales, drenajes, ciudades deportivas y terminé de ojete en la General Electric. ¿A mí qué me dices? Yo soy detective porque me gusta la gente.

—Bájale a la tele, Flor —gritó el escritor y luego preguntó— ¿No prefieres la coca con limón? Sabe más a toda madre.

IX

La historia del comandante
Jacinto Saavedra
tal como sólo él la sabía

*No creo en la naturaleza mala del hombre;
creo que comete aberraciones por falta de
fantasía, por pereza del corazón*

E. Toller

*Un hijo de la chingada, es un hijo de la
chingada, y más te vale que no se te olvide*

Carlos López

El vendedor de coches usados Jacinto Saavedra tenía 22
años, se peinaba con brillantina polainds, usaba traje en
horas de trabajo y fuera de ellas y se había aficionado a
las putas de Guadalajara. Por eso aceptó meterse a ne-
gociar carros chuecos que dos judiciales del estado de
Jalisco le hacían llegar al lote, todo ello sin que el dueño

se diera cuenta. Les ponía placas de coches destroza-
dos, y éstos los vendía como chatarra; quitaba, ponía,
pagaba a sus amigos y en medio siempre quedaban al
mes cinco o diez mil pesos extras, para írselos a quemar
en tequila.

No es una historia demasiado complicada. Un
día aceptó acompañar a sus amigos a darle una paliza a
un tipo que le debía dinero a otro tipo. Y le gustó. Le
gustó el hombre ensangrentado y babeante que les pe-
día perdón, suplicaba en el suelo que lo dejaran en paz.
Quizá lo único malo de aquella primera experiencia, es
que se manchó el traje y no hubo tintorería que se lo
arreglara. Poco a poco los trabajos de "madrina" se hi-
cieron más frecuentes y Jacinto Saavedra adquirió fama
en el ambiente, de hombre echado pa'lante, que por poco
dinero pegaba mucho y bien. Una vez un par de judicia-
les lo llevaron a Durango, a buscar a tres secuestradores
de un ganadero. El secuestrado estaba muerto, los se-
cuestradores ofrecieron la mitad del botín, y Saavedra y
sus amigos decidieron que la mitad era poco y dispara-
ron sobre los miserables. Saavedra tenía una escopeta
en las manos y la apuntó a los huevos de su víctima, lue-
go disparó. El cuate tardó seis horas en morir desan-
grándose. Ya no había camino de regreso, ni Saavedra
lo hubiera visto aunque se lo pusieran enfrente de los
ojos. Fue guardaespaldas de un gobernador, ganó di-
nero, puso una tienda de elecrodomésticos que quebró
por falta de atención, entró a la judicial, compró dos ca-
ballos de carreras que corrían en ferias del pueblo y con-
trabandeó autoestéreos con unos amigos de la policía
de Tijuana. Una vida variada, como quien dice. Así iba
pasando los días a la espera de un buen "trancazo", un
buen "apunte", un buen "padrino" que lo sacara de "la
transa ranchera", la segunda división. O eso, o la jubila-

ción ya de jodida. Se casó con la hija de unos abarroteros españoles para que le cuidara la casa y le diera un par de hijos varones y siguió frecuentando burdeles en los alrededores de La Perla tapatía. La lotería le llegó cuando la judicial federal lo reclutó para operaciones de cacería de guerrilleros urbanos que tenían una organización con ramificaciones en Guadalajara, Monterrey y la ciudad de México. Pasó a ser jefe de grupo, torturó, asesinó mujeres, niños y parientes lejanos y cercanos, robó refrigeradores de casas de seguridad de la guerrilla, pescó de rebote botines de asaltos bancarios de los que entregó a la superioridad la mitad con fotógrafos de prensa enfrente y repartió entre cuates y superiores la otra mitad, ya sin fotógrafos de prensa. Y un día, al entrar en un edificio de departamentos en la ciudad de México, a la busca de los hermanos de un normalista de Jalisco de apellido Ruiz, le soltaron una descarga de M16 que lo mandó al hospital dos meses con un pulmón perforado y cagándose de miedo en las noches solitarias. Conjuró el miedo volándole la cabeza a una hermana de 16 años de Ruiz. En esas andaba cuando la casualidad le sonrió. Lo mandaron a hacer guardia frente a un hotel en el centro de Guadalajara con su grupo, formando parte de una operación destinada a capturar un embarque de cocaína. La historia tenía cola: dos operadores gringos se habían negado a cubrir la cuota del jefe de la judicial de Michoacán, éste le había ido con el soplo a sus cuates de Jalisco, que en principio se habían arreglado con los narcos, pero éstos desde Sinaloa traían cola de federales, que no estaban en la movida; de manera que los de Jalisco pactaron con los narcos gringos que se hiciera una venta de la tercera parte que se estaba moviendo, a dos traficantes locales de Guadalajara, que querían abrir negocio en una zona ya ocupada, o sea que sobre estos últimos iba el madrazo, aunque ellos habían tratado de cubrirse con un amigo banquero que era compadre del presidente municipal; así es que los estatales podían darse de tiros con los locales; de manera que se pactó en el bar que la mitad del tercio quedaba libre y que sólo un primo de los otros iba a caer, junto con un mesero del restaurant del hotel que operaba por libre, lo que era un pecado mayor en ese ambiente. Como se verá: cosa sencilla. Pero todo este movimiento, había dado horas de sobra a los participantes en la operación, que se habían empedado de mala manera en un burdel, a tres cuadras del hotel donde se iba a armar el escándalo. Total que cuando empezó el movimiento, salieron tiros de más y sólo el grupo de Saavedra sabía qué estaba haciendo, aunque no qué estaba pasando. Así, una parte de los policías dispararon un par de ráfagas en el cuarto equivocado, detuvieron al primo que no era, con la coca que no era y Saavedra se vio a mitad de la noche con tres kilos de cocaína en las manos y sin nadie que pidiera cuentas en medio del desmadre. La coca según descubrió, abría puertas y ventanas. Eso y su historial, lo llevaron a la ciudad de México muy pegado al nuevo jefe de la judicial al iniciarse el sexenio. En el catálogo de miserias que el ex vendedor de automóviles usados había recopilado, las reglas se perfilaban con deliciosa claridad:

Servil con los de arriba, cabrón con los de abajo; no meter las manos sin antes ver de quién era el fundillo; tener muchos amigos y muchos casi amigos; joder al distraído, pegar duro y pegar dos veces, estar siempre dispuesto; vender al mejor cuate; hablar como si se supiera; no fracasar y cuando se fracasaba, mover el escenario lo suficiente para que se dijera que ahí no había sido; ser tan listo como el que más pero sin pasarse; controlar la bragueta con la vieja ajena; repartir las ganancias; sobrevivir pisando huevos, cráneos, manos, sesos, sangre. En 1976, había llegado, y decidió que quería quedarse ahí, pero ya tocaba armar un negocio propio en el que se repartiera menos. Si en la historia de los narcos colombianos no le iba a quedar más de la cuarta parte, porque para arriba se iba la mitad y para abajo la mitad de la mitad, en los bancos de reyes, se iba a quedar con todo. Una vez que decidió eso, en su despacho pusieron una alfombra malva, asistió a un curso de sistemas policiacos en Indianápolis y se compró varias corbatas italianas.

X

Se me fue a pique el corazón

John Reed

Estaban los enterradores, Héctor y un viejito en silla de ruedas cubierto con un paraguas negro. El acto duró escasos diez minutos. La Rata enfundada en un ataúd de color gris acero, se fue a meter entre la tierra húmeda. Héctor empujó la silla de ruedas del viejo hasta la salida del panteón, para descubrir quién era y se enteró que se trataba del tío de La Rata, un viejo solitario al que su sobrino le pasaba una pensión, el único pariente.

No había más. Tampoco esperaba otra cosa. No había odio ni nada, simple rutina. La Rata se había ido como había llegado. Si los budistas tenían razón, reencarnaría en lo mismo, volvería a hacer lo mismo y le volverían a meter un balazo en la frente, escribiendo su nombre en sangre contra la pared que estaba atrás del escritorio.

Héctor no se atrevió a ir a las oficinas de la colonia San Miguel Chapultepec que había conocido hacía un par de días, ni a buscar al obsequioso chofer y a su amigo el guarura. El cielo seguía escupiendo una lluvia fina. Señal de que el diluvio no era una mamada pronosticada por brujos aztecas, sino el justo destino de la ciudad de México.

—Entonces, ¿era o no era?

—Don Gaspar llega en la noche y se duerme como tronco. Luego se despierta como a las seis de la mañana, antes, como a las cinco y entonces sí quiere. Así, hasta yo le busco por fuera.

—¿Y usted cómo sabe eso? —preguntó Héctor a un ojeroso tapicero.

—No, pues averiguando. De detective, como quien dice.

—¿Y la ropa interior de fantasía?

—De pelos, chief. Tiene unas pantaletas lilas, con ligas bordadas y brasier con hoyitos para que salga la pechuga...

—¿Y eso también lo averiguó de detective? No, espere, deje darle una excusa mejor, se dedicó a vigilar los tendederos...

—Eso, los tendederos.

—Se me hace que o le devolvemos la lana, o le contamos una mentira piadosa, o le conseguimos un abogado y escolta a la señora... ¿usted no es casado, verdad?

—Dios gracias...

—Hombre, esta es una oportunidad.

El tapicero emprendió una huida descarada. Mientras, Héctor le gritaba:

—¡Deje la lana, encima de que se beneficia a la tortera, se lleva el dinero!

—Bueno, yo averigüé si era o no putísima —dijo el tapicero deteniéndose en la puerta.

—¿Y bueno?

—No era, porque no cobra.

—Tiene usted razón.

El teléfono sonó, mientras Carlos Vargas abandonaba la oficina sin pudor.

—Belascoarán.

—Aquí Vallina, mano. Hice lo que me pedías. Tienes un sistema de bloqueo y otro de desbloqueo, pero necesito los papeles judiciales y lana para mover a un juez testamentario. El primero no me gusta mucho, si lo pongo a caminar no va a haber quién mueva esa lana en los próximos cincuenta años. Por cierto, cuando comencé a moverlo, el teléfono se puso nervioso, entonces dije a los preguntones que trabajaba por cuenta de la Unicef y se sacaron de onda. Mancha la lana, Héctor. Esto huele mal.

—Dalo por hecho. Oye, Vallina, hasta pareces profesional.

—Si soy buenísimo, lo que pasa es que tengo muy mala suerte. Ayer me invitan a cenar unos cuates de una compañía gringa para darme empleo, me empedo a mitad de la cena y le vomito el traje a la señora. No, si lo mío es de maldición totonaca.

Héctor colgó. Después del cementerio se había pasado la mañana en la hemeroteca de La Ciudadela tratando de conectar el dinero de los ingresos en el banco privado de Costa, o más bien de sus movimientos de efectivo, con la circulación de dinero negro y tenía un buen cajón de notas, que armaban como un rompecabezas alemán, uno de esos perfectos de la Revensburguer. Se sentía, al igual que el tapicero fugado, detective. En una ciudad que tendía a ser sojuzgada por el "ahí se va" ante la absoluta inutilidad de hacer las cosas bien, una ciudad dominada por la eficacia de las apariencias, que no de los hechos, por el "a mí me vale" como respuesta a la transa y la explotación, el hacer las cosas bien resultaba enormemente gratificante. Era eso, o que ya había perdido la confianza en su suerte.

Con su más arrugada chamarra y su mejor sonrisa, Héctor recibió a Anita en la puerta del hospital de manos de El Ángel y El Horrores.

—Hacemos entrega, jefe. ¿Qué quieres que hagamos? Tenemos pagados cinco días más –—dijo El Ángel.

—Váyanse a su casa, descansen, coman, cámbiense de ropa, saluden a sus viejas, chequen las calificaciones de sus chavos, lean la última edición de *Batallas en el ring* y nos vemos en la noche en mi casa —y luego dirigiéndose a Anita—: Chaparrita, si encuentras donde dejar esa maleta, te cumplo el baile que te debo.

Los ojos verdes de la pelirroja chispearon.

—Juraría que no sabes bailar. No sé por qué, pero me acuerdo de que no sabías bailar; y viendo cómo caminas, seguro que nunca aprendiste.

—¿Y cómo sabes tú cómo camino?

—Porque te he visto desde la ventana del cuarto cruzar esta calle.

Anita vestía de verde, el uniforme de las pelirrojas, y las huellas del atentado estaban casi cubiertas por los días de hospital. Por lo menos las huellas exteriores.

—¿Dónde voy a vivir? —preguntó.

—Hoy, en mi casa, tengo que hablar largo y tendido contigo para ver si hacemos una cosa, otra cosa o ninguna cosa. Tú eres la verdadera jefa, yo soy tu empleado.

—Pero no cobras, entonces no puedo darte órdenes.

—¿Te pones más contenta si me pagas?

—Sí.

—Bueno, pues págame.

—Un millón de pesos.

—Estás absolutamente orate, enanita.

—Un millón cuando se acabe esto. Más gastos.

—Bueno, pero la cena y el baile los pago yo.

—Ah, ¿va a haber cena?

—Sí, en la taquería de la esquina de mi casa. Después del baile.

—Lo del baile lo dices en serio, ¿verdad?

—Absolutamente. Soy un desastre pero cumplo mis promesas.

—Nomás que a mí me duele una pierna, todavía estoy vendada porque tengo dos costillas rotas, y si bailas de cachetito conmigo se me puede caer la mandíbula, porque me la dejaron movida.

—Yo soy tuerto, al bailar cojeo y no me van a admitir en el equipo de gimnasia olímpica.

—¿Y eso qué tiene que ver?

—No, nada, me acordé de una amiga medio filipina.

Héctor tomó la maleta con una mano y le tendió la otra a Anita, que tras aceptarla lo cubrió con una mirada especuladora. En la mejor tradición del romanticismo de fines de los 60's, una pelirroja vestida de verde y un detective con una maleta, cruzaron el parque España tomados de la mano en una tarde en la que de nuevo amenazaba llover. El parque se encontraba tranquilo, pero ellos sabían que estaban sorteando niños kamikaze en bicicleta; que pasaban al lado de heladeros potenciales violadores, un conductor de un camioncito infantil que si hubiera nacido en Las Vegas, hubiera sido *dealer* profesional, una señora que venía de misa y que si en 1956 el Germán se hubiera aventado sería reina de las putas de Tamaulipas; dos adolescentes que sin duda eran los reyes del tráfico de mota y chicle bomba, un policía

esquinero nacido en León, Guanajuato, que había mata-
do a su mamá con un molcajete, dos funcionarios públi-
cos que aceptaban mordidas para extender permiso de
tomas adicionales de agua en fraccionamientos y que
estaban poniéndose de acuerdo con las tarifas adiciona-
les por el inicio de la inflación; la mamá de Sitting Bull a
la que la miseria había condenado a la venta de pepitas,
pero que en las noches preparaba pócimas para el amor
y el envenenamiento. Huyeron de los patinadores asesi-
nos que por falta de presupuesto no habían puesto cu-
chillas afiladas en el borde de sus patines gringos de rue-
das, pasaron a un lado de un macizo de peonias que
ocultaban media docena de abejas salvajes africanas,
observaron a un distraído guitarrista que rasgueaba las
primeras notas del himno anarquista *Hijos del pueblo* y
soñaba con bombas de múltiples colores, y salieron de
aquel parque que exudaba paz y tranquilidad.

Hicieron todo eso, sin darle demasiada impor-
tancia, renqueando un poco por heridas reales, sintien-
do la mano en la mano y dejando atrás un parque lleno
de peligros a las cinco y media de la tarde, en un día que
amenazaba lluvia.

El Mago Merlín trabajaba en una radio de bulbos
de antes de la segunda guerra cuando vio pasar por la
entrada del edificio a Héctor tomado de la mano de una
pelirroja.

—Monsieur Belascoarán —dijo muy propio.

—Ese Mago... No me mandaste los libros que te
pedía, ¿eh?

—¿Quién cojones va a encontrar un libro en tu
biblioteca, si tienes todo revuelto? ¿A qué hora llegaste
del pueblucho ese en que te habías enterrado?

El Mago era el mejor casero del D.F., el más amo-
roso con sus inquilinos, el único que les echaba el co-

rreo por abajo de la puerta, y además un genio ignorado de la electrónica menor.

—Llevo varios días en el D.F., ayer dormí aquí en casa. Oye Mago, ¿quién limpió?

—Yo le di una manita, para que no se me devaluara el piso... Nada, no te preocupes.

Las primeras gotas cayeron sobre los maceteros de la entrada.

—Va a volver a llover... Mira Mago, esta es Anita, una amiga mía.

—Señorita, es un placer. Merlín Gutiérrez, para servirla.

—Encantada.

—Lleva seis días lloviendo. Ayer ya hubo inundaciones en el sur, por el periférico, coches volteados y todo; esto es una mierda. No debería llover en febrero, pero ya no se sabe. ¿No va a parar?

—No, Mago, es el diluvio. ¿Ya tienes tu lanchita?

—Tengo una consola RCA Víctor con flotadores, joder.

Héctor y Anita comenzaron a subir los escalones del edificio de departamentos, mientras las gotas de lluvia gordas y pesadas golpeaban el patio.

—¿Dónde puedo colgar mis radiografías? —preguntó Anita mientras Héctor trajinaba en la cocina abriendo un refresco y poniendo agua a calentar para hacer té de limón.

—En el baño, o encima de la cama. Siempre quise tener una radiografía al lado de un dibujo de Paul Klee.

—Lo digo porque si voy a estar mucho tiempo aquí...

—Oye —dijo Héctor asomando por la puerta de la cocina—, ¿lo de las radiografías es serio, enanita?

—Es una metáfora, pendejo.

—No, es que me quedé pensando que eres doctora, ¿no?

—Casi especialista en riñón. Pero tú no bebes, o sea que de poco te voy a servir.

Héctor llegó con la taza de té y el refresco en las manos y lo puso a mitad de la alfombra. Luego fue al tocadiscos.

—¿Qué quieres oír?

—No tienes *Young forever* de Joan Báez. No la puedes tener.

—Cómo chingaos que no.

Y el detective se puso a revolver la pila de discos. En la ventana se estrellaban las gotas de lluvia y hacían dibujos. La luz se estaba escapando del cuarto. Anita buscó algún cojín y al no encontrarlo fue a la recámara, volvió con dos almohadas y se acomodó en el suelo. Sorbió el té despacito. Del tocadiscos surgió la cálida y amorosa voz de Joan Báez diciendo: *May god bless and keep you away, may your wishes all come true.*

Héctor de pie en el centro del cuarto contempló a la pelirroja.

—Casi no se puede creer. Que no pase nada. Que la vida vuelva a ser Joan Báez y el cuarto acogedor mientras llueve allá afuera. Esta película ya la vi.

—No te ilusiones chaparrita. La muerte de La Rata y la guerra que traen entre ellos, los debe tener ocupados, pero si seguimos dando lata, se van a volver a lanzar encima de ti o de mí.

—Que me den una tarde, que estén tus cuates los luchadores conmigo cuando eso pase. Que me den esta tarde... ¿Quiénes son, Héctor? ¿Quiénes son?

—¿Estás cómoda? Ahora vuelvo —dijo el detective y fue a la cocina a buscar un cuaderno de notas dentro de la chamarra. Regresó con un banco y se sentó en el centro del cuarto.

—Lo que no sé, lo relleno. Es muy probable que no haya sido así, pero el cuadro general es el que cuenta, y ése, me corto un huevo si no es como te lo cuento: un ex sargento, ex policía del Barapem del Estado de México, llamado Manuel Reyes, se volvió en 1977 el asaltante de bancos número uno de este país. Ve tú a saber por qué, quizá porque se aburrió de andar centaveando en la policía del estado, o porque vio mucha televisión, el caso es que con el entrenamiento policiaco que tenía, comenzó a caerles a los bancos ametralladora en mano. Yo creo que lo identificaron en el primer asalto, o a lo más en el segundo, porque actuaba a cara descubierta, con uno o dos cuates y un chofer. Tengo una lista enorme: Comermex en Arboledas, Nacional de México de Satélite, Banco Internacional en Naucalpan, de Comercio en Ciudad Azteca... si los ves bien, los primeros eran bancos del cinturón de la ciudad de México, en el estado, luego ya le entró al D.F.; Banco de Comercio en Nuevo León, Nacional de México en la Roma, y así. Asaltaba tan seguido que parecía querer romper un récord. No menos de uno al mes. Siempre los dos o tres cuates armados con Reyes a la cabeza. No se tocaron el alma para matar a policías bancarios, a una secretaria que gritó, a un mirón. En agosto del 77 pusieron a cargo de la cacería de Reyes, al que los periódicos le decían muy elegantes "el enemigo público número uno", al subjefe de la judicial del D.F., el comandante Saavedra. Eso es lo primero que te cuenta la prensa, pero no resulta muy difícil adivinar. Reyes y el comandante se entendieron rápido. Ahí es donde entra el mueblero Costa. Su cuñado Saavedra llega a verlo un día a la mueblería y le dice que si puede hacerse cargo de un dinero. Pon de un lado al botín de los asaltos y del otro los movimientos de tu suegro. Mira los datos a ver si no te cuadran: en diciembre del 77 la banda de Reyes asalta un banco en Avenida Toluca, matan a un policía bancario sin agua va, entrando y llenándolo de plomo, sacan un botín de dos millones y medio de pesos. El día trece de diciembre tu suegro compra dos boutiques en la Zona Rosa, ingresa en una cuenta 175 mil pesos. Total: dos millones 350 mil pesos. Hay más así: asalto a un banco en Insurgentes Sur el 17 de enero del 78, botín, millón y medio de pesos. El 19 compra millón trescientos mil en centenarios de oro y los deposita en una caja de seguridad... Por un lado Reyes los vaciaba, por otro Saavedra repartía y guardaba el dinero de la banda y al final el mueblero Costa actuaba de banquero. Hay como 15 coincidencias iguales a las anteriores. Y si no cuadra todo, es porque a veces el dinero debería tardar en llegar, o la banda se gastaba parte en casas, armas, coches o putas; o bien que tu suegro juntaba una parte para comprar un negocio. Si no fuera por detalles de ésos, o porque faltan datos sobre las cajas de seguridad, todo cuadraría centavo a centavo. Y todo iba bien y tranquilo, pero en diciembre del 78 pasaron dos cosas fuera de lo normal: una que Reyes cayó en un asalto por un error zonzo, un policía herido en el suelo le metió un plomazo en una pierna y sus compañeros lo dejaron tirado. Está en la cárcel ahora. La segunda, es que el banquero Costa se muere de un ataque al corazón. A partir de aquí, sólo puedo inventar. La banda de Reyes sin jefe, quiere llevarse los billetes, quiere escapar. Saavedra no tiene el control de la fortuna, no puede actuar, tiene que darles largas. Tienes que pensar que se trata de cerca de 200 millones a repartir entre cinco: Reyes en la cárcel, Saavedra en las oficinas de la policía judicial y los otros huidos. Entonces, de alguna manera, se cruzan los hijos de Costa. ¿Fue Saavedra o fueron los compinches de Reyes? Ve tú a saber. Querían que aquellos firmaran para poder mover inversiones y depósitos. A lo mejor el hermano mayor, si dices que era como era, dijo: "aquí hay muchos billetes"; y trató de jugar con ellos. El caso es que a uno lo matan y al otro lo espantan de tal manera que se les va para siempre. Date cuenta de la desesperación de estos cuates. Dos años de asaltos, todo montado al pelo y se les muere el banquero. No pueden tocar el dinero. Luego llega Luis. No sé qué es lo que habrá pasado aquí. No sé si lo de Nueva York es un accidente, una absurda coincidencia, o lo mandaron matar. Si alguien fue, tuvo que ser Saavedra, porque los otros no los veo en Nueva York de gángsters. De cualquier manera parece una locura, porque para mover el dinero necesitaban heredero. Saavedra no puede actuar al descubierto, entonces mete a La Rata para que te presione y comience a liberar la lana. Pero los otros tienen prisa y te asaltan, te hacen firmar papeles en blanco. Ve tú a saber qué quieren hacer con ellos. Resulta más fácil asaltar un banco que sacarle dinero legalmente a una herencia que lleva tres rebotes... Están desesperados. Matan a La Rata... Y aquí estamos ahora.

Héctor bebió un largo trago del refresco.

—Tengo más cosas para amarrar el paquete. Una, es que los billetes se colocaron en multitud de formas. Tu suegro se veía desbordado; de manejar tres mueblerías a mover 200 millones, hay diferencia; pero algo hay claro, parte de la lana se puso en provincia. ¿Por qué sólo en cuatro partes del país? Una en Guadalajara, de ahí es Saavedra, de Guadalajara era la madre de tu marido. La otra, Monterrey, la tercera en el Noroeste, la cuarta en Puebla, de ahí es Reyes. El jalón de la patria chica, como ves. Segunda, tengo dos descripciones de los compadres de Reyes. Uno de ellos sólo tiene apodo: John Lennon, güero, con la cara llena de barros, desgarbados, como de uno ochenta de estatura. El otro es un ex policía del Barapem que jaló con Reyes, Luis Ramos, hasta tengo su foto, mira.

—Este es el chaparro, el que se parece a Chelo.

—Ahí está, sólo necesito poner un moño y saber qué hacer con ello.

—¿Y qué puedes hacer? —preguntó Anita. El tocadiscos que Héctor había reparado aún tenía jodido el automático y la aguja se había quedado bailando sobre el último surco.

—Cuidarnos de los hijos adoptivos de Reyes y esperar que Saavedra no sepa que conocemos su conexión con la historia. Ese es el que me preocupa de verdad. Hablé con Vallina y creó un sistema para bloquear el dinero con un pretexto testamentario. Eso, o puedes librarte de él, de manera que ya no tengan que ir por ti.

—¿Y a quién se lo doy?

—No tengo ni idea, piénsalo un poco.

—¿Y no podemos descubrirlo todo?

—No me siento muy seguro de que vaya a servir para algo. Ha habido denuncias en los periódicos contra casi todos los jefes policiacos de la ciudad de México, algunas revistas hasta campaña hicieron. Y nada, no pasa nada. La verdad creo que por el lado de la presión en la prensa poco se puede hacer. Y bueno, nomás me imagino a ti y a mí yendo a denunciar a la Procuraduría todo esto. Los mirones se iban a reír de nosotros por pendejos.

—Dan ganas de poner los muebles contra la puerta y meternos debajo de la cama —dijo la pelirroja.

—Podemos hacerlo arriba de la cama —dijo

Héctor y casi inmediatamente se arrepintió cuando Anita lo miró fijamente.

Luego, sin decir palabra, se puso en pie y caminó hacia el baño. Héctor levantó la aguja del tocadiscos, le dio la vuelta y la voz de Joan Báez volvió a competir con la lluvia en los cristales.

¿Qué chingaos estaba haciendo? ¿Un favor a sí mismo? ¿Un acto de redención de Anita? Porque le habían matado al esposo, y la habían violado después de una madriza de órdago, todo en el último mes. O era en serio, y la pequeña pelirroja tenía magia, y él quería quererla o la quería. Héctor había leído alguna vez a un poeta ecuatoriano que decía que también se podía matar "por soledad, por miedo o por fatiga". No le gustaba lo que había hecho. Caminó hacia el baño dispuesto a disculparse y descubrió a Anita desnuda ante el espejo. Desnuda o casi, porque una gasa con tela adhesiva cubría un pedazo de su pierna izquierda, y bajo los pechos, una venda de cinco centímetros de ancho le rodeaba el cuerpo.

—Estaba viéndome, pensando si estaba lista —dijo la pequeña pelirroja mientras dos lagrimones le rodaban por las mejillas.

—Ven pa'ca. Soy una bestia, enanita —dijo Héctor y la abrazó con cuidado. Luego puso su mejilla sobre el pelo de la mujer y la arrulló con los brazos. Ana se apretó contra él. Héctor la tapó con una toalla y luego se arrepintió porque la toalla podía estar sucia, de manera que la tomó en los brazos y la llevó hasta la cama, tapándola hasta el cuello. Luego cuando caminaba hacia la sala, para hacer autocrítica en solitario, la voz de Ana lo atrapó cerca de la puerta.

—Ahora me cumples, zonzo.

El timbre de la puerta lo salvó y caminó a abrirles a los luchadores que le habían permitido una pausa en medio del desconcierto. Anita lo despidió con una risilla que desmentía los lagrimones.

Abría la puerta con una amplia sonrisa entre los dientes, cuando un puñetazo en la boca le hizo darse cuenta de que por segunda vez en aquella tarde, se había equivocado.

XI

*Muchos perseguidos pierden la facultad de
reconocer sus propios defectos*

Bertold Brecht

El golpe lo había enviado rebotando contra el banco de cocina que estaba a mitad de la alfombra. Revolviéndose buscó la pistola pero la funda estaba vacía, la había dejado con la chamarra en la cocina. Cuando el chaparro fornido le tiró una patada en las costillas, saltó a un lado y le gritó dentro de su cabeza a Anita para que no saliera del cuarto.

—Quieto, cabrón —dijo el güero de la cara tatuada por el acné.

Un tercer personaje, que traía un traje gris que le quedaba grande y una automática 45 en la mano entró y luego cerró la puerta cuidadosamente.

—¿Dónde la dejaste?

—En su casa.

—Míralo, qué rápido, ya sabe de qué hablamos, de manera que no vamos a perder el tiempo. ¿En qué casa?

Héctor se distrajo mirando el agujero de la automática y el güero le dio la prometida patada en las costillas. La embolsó como un saco, apenas sin hacer más que un ruido sordo, tragando el grito.

—¿En qué casa, pendejo?

—En la de Polanco.

—No es cierto, ahí no hay nadie. ¿Dónde la dejaste?

El chaparro moreno lo tomó del suéter y lo levantó del suelo, lo justo para darle una bofetada en la cara que lo mandó de nuevo rodando.

—Mira güey, abusado, ya le sacaste un ojo.

El chaparro se acercó y le tomó la cara con las manos. Luego rió.

—No es de a deveras, ha de ser de cristal, mira, ya no hay herida, la cicatriz es vieja.

—Pónselo de nuevo, pa' que nos vea bien —dijo el hombre de la puerta.

—¿Qué te dijo La Rata de nosotros? —preguntó el chaparro mientras le entregaba el ojo, sin muchas ganas de andar manipulando con él. Héctor tiró el ojo de cristal a un lado.

—¿Quiénes son ustedes? preguntó el detective para ganar tiempo.

El güero se acercó, tomó la banca de la cocina y la puso en pie de nuevo, se sentó y con la punta de la bota golpeó el pie de Héctor suavemente.

—¿Qué te dijo La Rata? Seguro te dijo que el dinero no era nuestro, que se lo entregaras a él.

Héctor arrancó un pedazo de alfombra que sin saber cómo tenía en el puño crispado. Anita podía deslizarse del cuarto a la cocina y coger la pistola, pero tenía que lograr que ellos miraran hacia el lado del tocadiscos. Se levantó y trastabilló hacia el aparato. El chaparro moreno le cortó el camino.

—Nomás son dos cosas: ¿dónde está ella? y ¿qué te dijo La Rata? Ya ves mano, dos cosas sencillitas.

Luego le descargó dos puñetazos en rápida sucesión en el estómago. Héctor sintió que la tráquea se le había cerrado. Cayó de nuevo al suelo tratando de que el aire volviera a los pulmones. Anita nunca llegaría a la cocina.

—Quémale las patas, como a Cuauhtémoc —dijo el güero riendo.

Héctor rugió cuando logró que el aire rompiera el camino cerrado, boqueó y se acercó a la banqueta. El chaparro lo agarró de un pie y tiró por el zapato.

—Míralo, trae el calcetín roto, el pendejo.

Héctor lanzó el pie que tenía libre sobre la pata de la banqueta, el güero que intentó levantarse cuando vio el pie que volaba hacia él, ayudó con su impulso a la banqueta que saltaba y cayó hacia atrás dándose contra el tocadiscos. Héctor apenas pudo ver cómo le salía sangre de los labios, porque el chaparro le dio una patada en el muslo sin soltarle el pie.

—Ya háganlo en serio, chingá —dijo el hombre del traje gris que traía la automática en la mano y volteó cuando la puerta se abría; pero su reacción fue lenta porque una mano surgió por el espacio abierto y le dio con una plancha en la muñeca. Gritó mientras su pistola caía al suelo.

Tras la mano apareció el Mago, con la plancha en la mano y las llaves en la otra. El chaparro hizo un intento de llevar la mano a la cintura para sacar su pistola, pero soltó el pie de Héctor, quien aprovechó para desde el suelo empujarlo hacia la puerta con una patada, justo para que cayera en los brazos de El Ángel que venía entrando.

Héctor giró la cabeza para ver al güero que con una navaja en la mano iba hacia él. Una mano enorme se apoyó suavemente en su hombro y lo hizo a un lado. El Horrores avanzó hacia el güero que comenzó a retroceder con la navaja moviéndose en pequeños círculos. El Horrores le tiró una patada voladora. Uno de los pies dio en el brazo y el otro en la barbilla. El John Lennon apócrifo salió botando hacia atrás. Héctor a sus espaldas oyó el crac cuando el cuello del chaparro musculoso cedía, ante la presión de la llave Nelson que aplicaba El Ángel. El Mago a su lado vigilaba con la plancha en una mano y la pistola en la otra, al hombre de gris que estaba desmayado en el suelo.

—¿Lo tiro, Héctor? —dijo El Horrores que tenía al güero levantado en el aire y lo llevaba hacia la ventana.

—Tíralo, mano.

El luchador sosteniendo del cinturón y de la camisa al güero que pataleaba y sollozaba, se acercó hasta la ventana.

—Me la tienes que abrir, Héctor, no va a pasar por un solo vidrio.

Héctor se acercó a la ventana y la abrió. La boca le sabía a sangre.

—Yo no vi nada, coño —dijo la voz del Mago a sus espaldas.

El güero gritaba a través de la ventana abierta. Héctor lo veía sin oírlo.

—Déjalo en el suelo, mano.

El Horrores arrojó al güero contra la pared, como quien arroja a una muñeca vieja. El cuerpo se estrelló con un sonido seco, tirando una foto enmarcada del barco del padre de Héctor. El detective avanzó dos pasos y se dejó caer entre los brazos del luchador. Luego caminó tambaleándose por el pasillo. Anita mordía la almohada, con los ojos desorbitados por el terror, para no aullar. Cuando Héctor le pasó una mano por el hombro desnudo, ella comenzó a gritar.

—¡Quise ir, pero no pude! ¡Te lo juro Héctor que no pude! ¡No te pude ir a ayudar! ¡No me pude mover!

—Ya. No pasa nada. Vístete, Ana.

Cuando oyó la sirena de la primera patrulla, Héctor fue al teléfono y se comunicó con Marciano Torres en el periódico. Por eso, el periodista llegó con un fotógrafo cinco minutos después que los dos patrulleros habían entrado en la casa pistola en mano. Anita había sido enviada a toda prisa a casa del Mago, y los tres asaltabancos estaban en la alfombra: el güero silencioso conmocionado, tal como había quedado cuando El Horrores lo arrojó contra la pared, el chaparro de pelo chino estaba muerto, tenía el cuello roto. El del traje gris tirado en un rincón, gemía sosteniéndose con una mano la muñeca rota. Los policías llamaron a otra patrulla, y ésta a una tercera. El vecindario se animó con las luces roji-azules centelleando. El fotógrafo del *UnomásUno* comenzó a sacar fotos con flash. Héctor se lavó la cara y buscó en su cuarto el parche para tapar el ojo. Cojeaba mucho más que lo habitual.

—Carguen a esos dos, y llévense al difunto a la ambulancia —dijo el sargento de patrullas que había tomado el control del asunto, revisado el cuarto, recogido las pistolas y el cuchillo del suelo; Héctor le había explicado que eran los miembros de la banda de Reyes y que habían venido a matarlo, pero que de casualidad... El policía lo dejó a media explicación y bajó a la patrulla. Diez minutos después, cuando Héctor y los dos luchadores se estaban tomando un refresco en la cocina con Torres, reapareció.

—El comandante Saavedra quiere hablar con usted —dijo.

—Mano, no te nos despegues por nada. Ya te contaré —le dijo a Torres.

Viajaron en la patrulla con la sirena abierta, seguidos por el coche de los periodistas y una segunda patrulla que llevaba a los dos asaltabancos sobrevivientes. La ciudad en medio de la lluvia, parecía más irreal que de costumbre.

Saavedra estaba sentado en un escritorio de metal. Era un hombre nervioso, con un tic que hacía que se le moviera levemente el lado izquierdo de la boca. Blanco de piel, medio calvo pero con el pelo de los lados bastante más largo de lo normal, los ojos azules y fríos; ligeramente pasado de peso para su metro sesenta y cinco. Llevaba un traje guinda y camisa blanca. El saco abierto al revolotear permitía ver la pistola enfundada en la cadera.

—Permítame felicitarlo —dijo extendiendo la mano de las dos sortijas. Héctor retuvo su propia mano derecha sosteniéndola con la izquierda.

—Perdone, pero debo haberme roto algún hueso en la pelea —dijo mirándolo fijamente.

—Hombre, haberlo dicho, para que se fuera a curar antes de venir por acá. No tenía tanta urgencia. Yo sólo quería...

El detective se dejó caer en una silla con ruedas. Cerca, rondaban Torres, su fotógrafo y los dos luchadores. Varios agentes contemplaban la escena. Otros dos fotógrafos, probablemente de guardia o al servicio de la oficina de relaciones públicas de la Judicial, dispararon sus flashes captando a un sonriente comandante Saavedra y un detective derrengado en la silla.

—Hemos estado persiguiendo a esos hombres durante varios meses. Son los restos de la banda que asoló al sistema bancario y cuyo jefe está encarcelado ya —dijo el comandante como si estuviera declarando ante los micrófonos—, y ahora este golpe de suerte nos los pone en las manos. Quiero, en nombre de los servicios y agentes que hemos estado asignados al caso, agradecer públicamente a los señores el valor civil que han demostrado.

Torres hacía como que tomaba notas, los fotógrafos dispararon de nuevo sus flashes.

—Los esperan para que rindan su declaración —dijo Saavedra y tras mirar fijamente al detective salió del cuarto.

—¿Qué está pasando, mano? —preguntó Torres a Belascoarán.

—Que él está metido hasta las orejas en la mierda.

—¿Saavedra?

—¿Quién si no?

XII

Hombre que come su corazón, se envenena

Sabu

Héctor despertó a Elisa a las cuatro de la mañana en la vieja casa familiar de Coyoacán. La verdad es que no era a Elisa a quien había venido a ver, sino la escuadra 22 de su padre, que el viejo había dejado al morir junto con papeles y libros en la biblioteca. Era ésta la segunda vez que hacía el viaje sentimental a la búsqueda de la pistola. Elisa con un camisón blanco que llegaba hasta el suelo y la melena alborotada, lo acompañó en silencio hasta la biblioteca dominada por un retrato del padre con uniforme de la marina mercante española.

Héctor tomó la caja de cuero y sacó el arma, la sopesó y se dejó caer en un sillón. Al apoyarse, se le escapó un grito apagado.

—¿Qué te pasa?

—Me dieron una patada en el muslo hace un rato. Dos puñetazos en el estómago, me botaron el ojo malo a la mierda, me abofetearon, una patada en las costillas y luego un hijo de su reputa madre me quiso dar la mano. Creo que eso es todo —dijo, sólo para arrepentirse casi de inmediato de tanta palabra.

—Perdona, hermano, no me di cuenta de lo que significaba meterte en esto.

—Estuvo bien. No es contigo. Es con... —y se quedó pensando con quién era. Desde luego con Saavedra.

El tic de la boca torciéndose le volvía una y otra vez a la mente; una imagen nítida, casi cinematográfica. Pero era con la violencia, con el miedo, con el terror de Anita.

—¿Te doy algo? —dijo Elisa.

—Dos aspirinas y un vaso de leche, ¿no era lo que decía mamá siempre?

La biblioteca estaba en penumbra. Elisa había apagado la luz central y sólo dejó encendidas las dos lámparas con focos de 60 y amplias pantallas, que el viejo siempre había tenido sobre la mesa. Ese era el decorado, ella también lo recordaba.

—Me va a matar. Ese hijo de su puta madre, me va a matar.

—¿Quién Héctor? Carajo, ¿qué hice? ¿Cómo te metí en esto? —Elisa se llevó una mano al pelo y trató de arreglarlo con un gesto nervioso.

—Basta ya, si te vuelves a quejar me cierro como ostra y no me abre ni Dios —la frase sonó bien en ese cuarto, no era de Héctor, era de su padre—. Lo mismo me podía morir atropellado por una bicicleta en la playa donde me encontraste hace una semana.

—Diez días nada más. Sólo diez días —dijo Elisa angustiada.

—Déjame aquí, Elisa. Déjame aquí, porque me estoy quebrando y necesito rehacerme de nuevo. Cuando miré a Saavedra le vi mi muerte en los ojos.

—¿Y Anita?

—Está bien. Está en casa de mi casero. Con el Mago y con los dos luchadores. No creo que le pase nada esta noche. No va a ser con ella, va a ser conmigo, lo vi en los ojos de ese cabrón.

Elisa contempló a su hermano atentamente. Estaba pálido, un resto de dolor se le notaba en los ojos apagados y en los labios febriles. Se quedó de pie al lado del sillón de cuero verde sin saber qué hacer. Como velando a un muerto.

—Hermanita, por favor, vete a dormir. Yo necesito arreglarlo todo. Es por dentro. Necesito saber cómo reventarlo, cómo romperlo en tantos pedacitos que ya no pueda volver a rehacerse. No debe ser tan grave. Él tampoco duerme ahora. Se da vueltas en la cama o en un sillón, pensando que a lo mejor se le cae todo encima. Que si se arma el escándalo sus jefes lo dejan al descubierto, que a lo mejor hacen algo más y le abren la cabeza con una engrapadora. Porque no se castiga el delito, sino lo pendejo de dejarte descubrir. Esas son las reglas de ellos, y él está violando las reglas. Tampoco duerme el comandante Saavedra —dijo Héctor y en su boca apareció una sonrisa que acabó de espantar a Elisa.

—¿Qué te doy, hermanito? ¿Qué hago por ti?

—Consígueme una coca con limón —dijo Héctor ya declaradamente sonriente.

Héctor comenzó a reírse al ver la mirada escudriñadora que Carlos, su hermano, le dedicó. Seguro aquel par de cabrones habían estado hablando de él. Estiró las piernas en el sillón e hizo a un lado la manta escocesa que su hermana le había puesto encima. Al fin y al cabo él se había dormido y ella no; por las ojeras que traía, se había pasado el resto de la noche en vela, mirándolo, culpándose. "Carajo, no debí haber venido aquí. Elisa no tiene la culpa", se dijo el detective y luego para soportar el chaparrón que Carlos le iba a soltar, bostezó.

—Tú lo que pasa es que tienes una perspectiva panista, manito —dijo Carlos muy serio después de oír la historia—. Una visión de clase media piruja ante la violencia del sistema.

Héctor, ya repuesto, se había desayunado un jugo de naranja y huevos con jamón en el patio trasero con sus dos hermanos, había llamado por teléfono al Mago para confirmar que Anita estaba bien, y sentía que la vida volvía a correr por dentro.

—Lo que me jodió es que el tipo me quiso dar la mano, y yo por puto estuve a punto de dársela —dijo—. Eso es lo que me jode íntimamente, en el fondo.

—No, para, es que ves mal el asunto. Piensas que la ciudad se está desmoronando, que los gángsters están en el poder. Bueno sí, pero no es de ahora. Quizás estén más desatados que de costumbre. Hay más guaruras que nunca en este país. Cada funcionario grande o chico tiene cuarenta que andan aventando el automóvil, cierran calles al tráfico para que la hermana del presidente desayune en una churrería; cuando se emborrachan matan a un primo suyo en una fiesta porque jugando se les fue el tiro, destrozan a un cabrón en el Periférico porque no se hizo a un lado a tiempo. Cierto. La tira del D.F. es una cloaca en grande porque hay dinero en grande rodando por el país. Supongo que sí. ¿Sabes qué hace el inofensivo motorista que te baja 300 pesos porque te pasaste un alto? Le entrega 1500 ó 2000 al final del día al sargento, porque ése le dio la buena esquina y si se niega, a barrer o se queda de pie en un crucero a tragar mierda. Él paga las reparaciones de su moto porque si llega a meterla al taller de la jefatura le roban hasta las bujías y se queda a pie, y sale a la calle con ocho litros en el tanque en lugar de los doce por los que entregó un vale, porque los otros cuatro se los roba un mayor en combinación con el jefe; paga un fondo de pensión que no existe y un fondo para defunciones que tampoco. Su sargento entrega 25000 pesos al jefe de zona, que a su vez maneja el negocio de las placas chuecas y lleva una comisión sobre el fondo de retiro. ¿Sabes cómo pasan lista en la delegación los jefes de zona? Con un sobre en la mano, hijo mío. Presente, y ahí van los billetes en el sobre. El jefe de la policía debe recibir a diario medio millón de pesos. Tiene dos agentes que sólo se dedican a cobrar... Eso es el sistema, no una mordida de trescientos pesos... Tienes que tomar altura, para entrar al sistema.

—Carlangas, no le des vueltas, no me ilustres. Te creo todo, pero o encuentro cómo parar a Saavedra o me vas a tener que prender veladoras.

—Échale filosofía al asunto, hermano —dijo Carlos quitándose el pelo de la frente y encendiendo un cigarrillo—. Sólo tienes que encontrar una fisura. La nacoburguesía lo usa, lo tiene ahí, si le estorba lo tira a la basura. Sólo tienes que hacer que lo tire.

—Lo único que se me ocurrió no sirve. Lo más simple. Juntar todo y ponerlo enfrente de los periódicos. Algunos jalarán. Torres me dijo que él cita a los corresponsales de los diarios y revistas extranjeros para que haya más presión; pero le dimos vueltas juntos y la historia que tengo no se sostiene. Yo sé que es cierta. Torres sabe que es cierta. Saavedra sabe que es cierta, pero no hay pruebas. Si no hubieran llegado las patrullas les sacaba a los asaltabancos si tenían el libro mayor de

Costa, pero a estas alturas, si lo tenían ellos, ya lo tiene Saavedra bien guardadito en su escritorio. No puedo reventarlo por ahí. Puedo quitarle el motivo de que nos joda a Anita y a mí. Ella puede bloquear el dinero. Regalarlo a Unicef como decía Vallina, o a los guerrilleros hondureños.

—Salvadoreños. Si eso quiere no está muy difícil.

—Pues a ésos. Pero a Saavedra no le voy a quitar la venganza.

—Tómate un avión. Tenemos el dinero que dejó papá. No lo hemos usado.

—Toma un avión tú y otro Anita —dijo Elisa que había dejado de morderse las uñas—. Si quieres agarro la moto y te llevo de nuevo a tu playa.

—Ya no se puede volver, hermanita.

XIII

*¿Sobre qué muerto estoy yo vivo,
sus huesos quedando en los míos?*

Roberto Fernández Retamar

Esperó hasta que la pequeña pelirroja desapareció en las escaleras mecánicas, y luego rondó por el aeropuerto hasta que vio despegar el avión de KLM. Como un juguete, reluciente, atronando el aire. Héctor pensó que los finales son abruptos, sólo los principios se desenvuelven graciosamente. Los finales son cortantes, sin gracia, sin tiempo extra para protestar por las formas como las cosas se han sucedido.

Luego caminó hacia el metro. Sentía en la espalda la mirada de sus perseguidores, pero no se tomó la molestia de librarse de ellos. Sólo lo seguían, de lejos. Manteniendo sobre su espalda el peso de miradas cuyos ojos no veía de frente. Caminó por Bucareli sorteando las bicicletas acrobáticas de los vendedores de periódicos. Al llegar a la entrada del edificio de Donato Guerra donde estaba su despacho, descubrió a don Gaspar el tortero entrando en el elevador y desistió.

Regresó a la casa dando rodeos por distracción, como si no tuviera prisa por llegar a ningún lado.

El vidrio de la foto del barco en que su padre había navegado seguía roto sobre la alfombra y el marco en el suelo. Recogió poniendo sobre un periódico viejo los cristales y volvió a colgar la fotografía. Luego se dejó caer en su cama. ¿Qué estaba esperando? El dinero estaba bloqueado. Torres no se atrevía a contar la historia sin más pruebas que ligaran a Saavedra con los asaltantes bancarios o con el dinero de Costa. Anita a diez mil metros de altura estaba segura. Había renunciado a la herencia, por lo tanto no podía tocarla nadie, excepto el Instituto de Cancerología que al final había sido beneficiado.

¿Qué estaba esperando Saavedra?

Héctor sacó la pistola y jugueteó con el cargador. Quitó el peine y sacó las balas una a una, luego las volvió a colocar. Sonó el teléfono.

—Está muerto, hermano. Se mató o lo mataron en un accidente de coche en la carretera de Querétaro.

—¿Quién, Saavedra?

—Sí, pero también el escritor. A los dos. Se mataron o los mataron juntos. Un choque en la carretera. Lo dieron las noticias de la tarde en la tele. Iban juntos en el automóvil a más de cien y se embarraron contra un trailer... Eso dicen, ve tú a saber —dijo la voz de su hermano Carlos en el teléfono.

—¿Juntos?

—Sí. Sólo los dos en el coche.

—No se merecía morir con ese hijo de la chingada —dijo Héctor y luego colgó.

Dos días después, un lacónico telegrama que llegó con retraso, fue deslizado bajo la puerta del departamento de Belascoarán, mientras el detective se estaba haciendo un caldo de pollo de cubito. Decía: *"Fui a preguntarle. Paco Ignacio"*.

Cuando salían del panteón de Dolores, Elisa levantó la mirada hacia el cielo y frenó a Héctor tomándolo del brazo. Dieciséis días antes, ella había mirado el cielo a través de las palmeras. Otro cielo.

—Mira qué nubes, va a llover en grande.

—Han de ser nubes de mierda —dijo Héctor sin alzar la vista.

Los buscadores de oro
Augusto Monterroso
0-679-76098-9

Cuando ya no importe
Juan Carlos Onetti
0-679-76094-6

La tabla de Flandes
Arturo Pérez-Reverte
0-679-76090-3

Frontera sur
Horacio Vázquez Rial
0-679-76339-2

La revolución es un sueño eterno
Andrés Rivera
0-679-76335-X

La sonrisa etrusca
José Luis Sampedro
0-679-76338-4

Nen, la inútil
Ignacio Solares
0-679-76116-0

Algunas nubes
Paco Ignacio Taibo II
0-679-76332-5

La virgen de los sicarios
Fernando Vallejo
0-679-76321-X

El disparo de argón
Juan Villoro
0-679-76093-8

Algunas nubes terminó de imprimirse en abril de 1995 en Litográfica Ingramex, S.A. de C.V. Centeno 162, Col. Granjas Esmeralda, 09810 México, D.F.